2015年出版科普图书统计报告

高宏斌　马俊锋◎著

科学出版社

北京

图书在版编目（CIP）数据

2015年出版科普图书统计报告 / 高宏斌，马俊锋著.
—北京：科学出版社，2018.8
　ISBN 978-7-03-058235-5

　Ⅰ.①2… Ⅱ.①高… ②马… Ⅲ.①科学普及－图书
出版－研究报告－中国－2015 Ⅳ.①G239.21

　中国版本图书馆CIP数据核字（2018）第143352号

责任编辑：王亚萍 / 责任校对：郑金红
责任印制：师艳茹 / 封面设计：八度出版服务机构

科 学 出 版 社 出版
北京东黄城根北街16号
邮政编码：100717
http://www.sciencep.com

天津市新科印刷有限公司 印刷
科学出版社发行　各地新华书店经销
*
2018年8月第 一 版　开本：720×1000　1/16
2018年8月第一次印刷　印张：12
字数：200 000
定价：69.00元
（如有印装质量问题，我社负责调换）

前言
Preface

  随着科技的飞速发展，国家对科学普及也越来越重视，相继出台了《中共中央、国务院关于加强科学技术普及工作的若干意见》《中华人民共和国科学技术普及法》《全民科学素质行动计划纲要（2006—2010—2020年）》等一系列重要文件与法规，2016年习近平同志在全国科技创新大会、两院院士大会和中国科学技术协会第九次全国代表大会上更是把科学普及置于与科技创新同等重要的地位。作为中国科普工作重要组成部分，科普图书出版在国家的大力支持下发展迅速，在出版种类、数量、质量、销量等方面都有很大提升，但令人遗憾的是，我国科普图书存在的一些问题在快速发展的同时并未得到解决，如科普图书概念模糊、分类不明确、缺乏整理、缺乏资料统计等问题在今天仍然存在。编写本书的主要目的就是力图为解决上述问题提供一种尝试和可能性。

  本书内容主要包括以下几个方面：①对科普图书的概念进行梳理和辨析，针对科普图书分类展开讨论并提出核心科普、一般科普和泛科普的分类方式；②根据中国图书馆图书分类法的特点及科普图书的特征，对数字化的图书资源进行系统分析，并从全国图书馆联合编目中心的数据库中提取出2015年出版的科普图书数据；③对所提取的科普图书数据进行甄别、整理，然后汇编成2015年科普图书出版书目；④结合北京开卷信息技术有限公司的"全国图书零售市场观测系统"的相关监测数据对2015年出版科普图书销售情况进行统计和分析；⑤整理出2015年出版科普图书在统计期间的销售量、销售金额、出版数量、出版社等的部分排名。

本书撰写过程中得到了国家新闻出版广电总局规划发展司副司长李建臣、中国科普研究所副所长颜实、中国科普作家协会原秘书长石顺科、人民邮电出版社原总编辑陈芳烈、《科技日报》原副总编王直华、《科普时报》总编辑尹传红等专家的指导和帮助，在此谨表谢意。

由于笔者能力所限，加上所提取的科普图书数据量又非常大，因此在统计及撰写过程中难免有疏漏和不当之处，恳请广大读者批评指正。

目录
Contents

第三章　出版地、出版社及责任人分析

第四章　科普图书销售情况分析

第一章

绪　　论

第一节 研究背景及意义

科普是提高公民科学素养、培育科技人才、推进科技事业发展、建设创新型科技强国的重要保障。我国政府一直比较重视科普工作，陆续推出一系列举措助力科普事业发展：中华人民共和国成立伊始专门成立了中华全国科学技术普及协会，负责推动科普工作开展；1994年颁布《中共中央、国务院关于加强科学技术普及工作的若干意见》以指导科普工作；2002年颁布《中华人民共和国科学技术普及法》，将科普工作纳入法制化轨道；2006年发布《国家中长期科学和技术发展规划纲要（2006—2020年）》，提出实施全民科学素质行动计划、加强国家科普能力建设、建立科普事业的良性运行机制等任务。2016年，习近平同志又在全国科技创新大会、两院院士大会、中国科学技术协会第九次全国代表大会上指出，"没有全民科学素质普遍提高，就难以建立起宏大的高素质创新大军，难以实现科技成果快速转化"，科学普及与科技创新是"实现创新发展的两翼"，因此"要把科学普及放在与科技创新同等重要的位置"。

科普图书是科学技术普及的传统形式，作为中国科普工作的重要组成部分，近代以来一直与报刊、广播等一起支撑着中国科普事业的发展。21世纪前后，由于计算机、网络及移动通信技术的迅猛发展，科普图书在科普工作中的传统地位受到了很大冲击，其与报刊"二分天下"的局面已不复存在。然而，这并不意味着科普图书将要退出历史舞台，而是在新的历史条件下凭其独特的特点和功能继续发挥重要作用。科普图书的主要形态就是把深奥复杂、枯燥难懂的科技内容转化为浅显简单、通俗有趣的文字作品呈现给读者，这也是许多其他形态科普资源创作开发的重要基础。①

近些年来，在国家大力扶持科普事业的背景下，我国科普图书出版发展迅速，在出版种类、数量、质量、销量等方面都有很大提升，但相应的科普图书统计与研究却没有跟上。虽然相关部门每年都对科普图书进行统计，但统计方法是自下而上进行申报，没有统一的判定标准，也没有详细的图书书目。科普图书具体有哪些、内容分布情况如何、作者有哪些人、市场反应如何等问题都不是很清楚，甚至连统一的分类标准都没有。这不利于我们准确把握科普图书整体出版情况及实际的市场反应。

目前，我国科普图书评奖工作多为推荐评审制，由评审专家对推荐参评的作品进行评审。这种评奖方式主观因素较多，且与市场反馈情况相隔离，因此易产生一些"叫好不叫座"的获奖作品，甚至有时会产生一些有争议的作品。再者，目前我国并没有专门针对科普图书的排行榜，各种图书评奖和推荐活动虽然也推荐了许多优秀的科普图书作品，但并没有完全反映出读者的市场需求。本书主要目的是弥补当前我国科普图书统计分析中的不足，制定一套相对全面的科普图书年度书目，为我国科普图书评奖工作提供参照，同时也可引导读者阅读和进行科普创作。

第二节 科普图书的定义和分类

"科普图书"是一个偏正短语，"科普"是起限定作用的修饰语，"图书"是中心语。因此，在明确科普图书的概念之前，

---

① 尹传红，姚利芬.科普之道：创作与创意新视野［M］.北京：中国科学技术出版社，2016：300.

应先明确"科普"和"图书"这两个概念。

一、"科普"与"图书"的概念

在现代汉语中,"科普"是"科学技术普及"的简称。1915年,中国科学社成立时在其《中国科学社总章》第七项中提到"学术演讲,以普及科学知识",较早将"科学"与"普及"两词结合使用。虽然此时"科普"已经呼之欲出,但"直到中华人民共和国成立前,'科普'一词见于文献者并不多"[①]。作为"科学技术普及"的省略语,"科普"一词最早公开出现是在中华人民共和国成立以后。1950年8月,中华全国科学技术普及协会在北京成立,随后《科学普及通讯》在第七期对此事进行了报道,而《人民日报》又在1950年9月15日第6版"新书刊介绍"栏目对《科学普及通讯》第七期进行了介绍。《人民日报》在该介绍中称:"该刊本期为庆祝中华全国科学技术普及协会的成立,刊载了时任协会主席梁希的《中华全国科学技术普及协会的任务》……"第一次将"科普"作为"科学技术普及"的省略语公开使用。其后,"科普"一词便流行开来,开始频繁见诸报端。2002年6月,中国通过了《中华人民共和国科学技术普及法》,将"科普"作为"科学技术普及"的简称引入该法条文。

关于"科普"的概念,学界的观点并不统一,主要有以下几种代表性观点。[②]第一种是采用《中华人民共和国科学技术普及法》对"科普"的定义,即国家和社会采取公众易于理解、接受、参与的方式,普及科学知识,倡导科学方法,传播科学思想,弘扬科学精神的活动。这一定义即明确了科普的主体和

[①] 王伦信,陈洪杰,唐颖 等.中国近代民众科普史[M].北京:科学普及出版社,2007:3.
[②]《科学技术普及概论》编写组.科学技术普及概论[M].北京:科学普及出版社,2002:45.

客体，又明确了科普的方式和内容。第二种是传播学意义上的定义。这类观点认为，科普是把人类掌握的科学技术知识、技能、思想、方法及精神等，通过各种方式和途径传播到社会的各个方面，使之为大众所了解、掌握，以增强大众认识自然和改造自然的能力，并使之树立正确的世界观、人生观和价值观。章道义等人在《科普创作概论》（1983年）中表述的观点即属此类。第三种是从系统的角度来定义。这类观点认为科普是把科学技术知识、精神、思想、方法等通过多种有效的手段和途径向社会公众传播，为公众所理解和掌握，并不断提高科学文化素质的系统过程。这一观点强调科普是一个系统过程，与科研、社会实践、主体与客体联系紧密。第四种是将科普与国外的"公众理解科学"或"科技传播"等名词等同看待。虽然几种观点侧重点不同，但在科普的内容和受众方面却并无分歧，即向社会公众普及科学技术知识、技能、思想、方法、精神等。

"图书"的概念在中国古代典籍中早已有之，最早可追溯至《周易·系辞上》中"河出图，洛出书，圣人则之"的典故。"图书"一词第一次出现是在《史记·萧相国世家》中，即"何独先入收秦丞相御史律令图书藏之"一句。但这里的"图书"指的是地图和文书档案，并不是现代意义上的图书。中国古代的典籍中也对图书进行过定义，如"百氏六家，总曰书也"（《尚书·序疏》）、"著于竹帛谓之书"（《说文解字·序》）等，这些定义揭示了当时图书的内容和形式特征，并将"书"作为一种特指与原始文字及书法概念等区别开来。经过长期的发展及著作方式、载体、书籍制度、生产方式等的变化，图书的概念渐趋明确。

现代意义上的图书概念有广义和狭义之分。广义的图书泛指各种类型的读物，如书刊、报纸，甚至包括声像资料、缩微胶片（卷）及机读目录等新技术产品；狭义的图书则专指由出版社（商）出版，具有特定的书名、编著者名和国际标准书号，有定价，并取得版权保护的出版物。

图书是人类用来记录知识、传承经验、交流感情的重要工具和媒介，具有携带方便、传播面广等特点，对人类文明的发展有着巨大贡献。作为图书中的一个类型，科普图书起着培育科技人才，推动科学发展，助力人类文明进步的重大作用。

二、科普图书的定义和范畴

"科普图书"的定义是什么？这是一个老话题，学界并无太多争议。中国科普研究所《中国科普报告2002》中给出的定义是："科普图书有广义与狭义之分，狭义的科普图书是指关于自然科学知识方面的通俗读物，如天文、地理、物理、化学之类；广义的科普图书在此基础上，还包括各类实用技术类图书，部分社会科学和人文学科方面的图书，以及涉及人们日常生活的各类知识性图书。"[1]中华人民共和国科学技术部（简称科技部）在年度科普统计调查时给出的定义是："指以非专业人员为阅读对象，以普及科学技术知识、倡导科学方法、传播科学思想、弘扬科学精神为目的，在新闻出版机构登记、有正式刊号的科技类图书。"[2]从这两个定义中可以看出，科普图书指的就是以自然科学为内容，以普通大众为阅读对象，以通俗易懂浅显为方式，以普及为目的，具有相关书名、书号并经出版单位公开出版的出版物。不同的是，后者仅将"科普图书"限定为"通俗读物"，而前者则除"通俗读物"外，将"实用技术类图书"这一面对特定人群的稍显专业的书籍也纳入其中。

从科普图书的定义可以看出，凡同时具备科学性和通俗性两个条件的图书即可归入科普图书的范畴，但在具体操作过程中科

---

[1] 中国科普研究所.中国科普报告2002[M].北京：科学普及出版社，2002：117.
[2] 中华人民共和国科学技术部.中国科普统计[M].北京：科学技术文献出版社，2008：66.

普图书的范畴就变得模糊不清，并没有统一的标准或观点，如中医养生、大众哲学、工业技术、投资收藏等门类中的一些图书是否应归入科普，研究界一直争论不休，没有统一的意见。之所以如此，是因为科普图书中有些类别具有很强的交叉性或延展性。

就交叉性来说，科学与艺术、科学与军事、科学与经济等交叉学科方面的通俗读物可以归入科普的范畴，但其中科学占多大比重才能归入科普却是不明确的。以科幻小说为例，科幻小说是科学与艺术的结合，但与科学小品或纯粹科学知识的通俗介绍不同，科幻小说并不是完全以表现科学为主要目的，而主观上大多是借科学来表现艺术，只是在客观上能起到普及科学的作用。一部科幻小说中是科学多一些还是艺术多一些，很不易判断。就延展性来说，用极浅显的语言介绍科学技术知识的书籍明显属于科普图书的范畴，而稍显专业的科技书籍，如针对摄影爱好者或天文爱好者的一些专业书籍同样可以归入科普图书的范畴，但针对爱好者的书籍与专业书籍之间的界限却是不明确的，这就给判断科普图书增加了难度。

从部分科普图书的上述特点可以看出，科普图书的范畴是具有弹性的、可变化的，依据不同的判断标准，其范畴也会有所不同。但无论依据标准如何变化，以自然科学为内容，以普通大众为阅读对象，以通俗易懂浅显为表达方式，以科普为目的而出版的图书都可以归入科普图书的范畴，一般不存在争议。

三、科普图书的分类

科普图书涉及众多学科，分布较为复杂，因此有多种分类方法。目前的分类方法主要有：简单分类方法，即分为知识类和实用技术类两个大类；按读者对象分，分为高级科普、中级科普、一般科普、启蒙科普，或者分为幼儿科普、青少年科普、成人科普；按行业分，如工业与交通科普、国防科普、医药卫生科普、农业科普等；按创作类别分，如科普小品、科普诗歌、科普美术、科幻小说等。①这些分类方法主要是按内容、对象、学科、行业、体裁、类别或形态等进行分类，但无论哪种分类，都不能很好地契合科普图书的范畴。

结合科普图书的既有分类和科普图书范畴的弹性特点，本书认为可根据科普图书科普色彩的强弱进行分类。所谓科普色彩即图书的出版是否以科普为目的、内容是否科学、形式是否通俗易懂等。如果一本图书完全符合科普图书的定义，即以自然科学为内容，以普通大众为阅读对象，以通俗易懂为表达方式，以科普为目的，那就可以说该图书的科普色彩很强，如针对大众的科普读物；如果一本图书是以自然科学为内容，以通俗易懂为表达方式，但并非以普通大众为阅读对象、以科普为目的，那该图书的科普色彩就相对弱一些，如针对某些行业人员的技术读本。

按照科普图书科普色彩的强弱可将科普图书分为核心科普图书、一般科普图书和泛科普图书。核心科普图书指的是明确以普通大众为阅读对象，以科学技术普及为目的，运用通俗易懂的叙述方式介绍科学技术知识的书籍，即在内容、目的、对象、形式四个方面均能满足科普图书的要求，判断均可将该书归入科普图书的范畴，且不存在争议的图书，如以婴儿、少儿、青年、中老年人、孕妇等为对象介绍科学知识的通俗读物等。一般科普图书指以科学技术普及为目的且采用了浅显易懂的形式介绍科学技术知识，但却并非以普通大众而是以特定职业的人群为阅读对象的图书，如书名中明显含有问答、读本、一本通等科普形式的图书和农业实用技术类图书等。泛科普图书指具有科学的内容，但在形式方面稍显专业，在阅读对象上更为狭窄（如以特定行业人群为对象）的图书，或者科学与其他学

---

① 中国科普研究所.中国科普报告2002[M].北京：科学普及出版社，2002：122.

科知识相结合的通俗类读物，如含有科学加军事、科学加艺术、科学加经济等内容的通俗读物。

从以上分析可以看出，核心科普图书、一般科普图书和泛科普图书之间是一种围绕科普图书定义而形成的科普色彩强弱程度由内向外递减的层级关系（图1-1）。核心科普图书在内容、目的、对象、形式四个方面紧密契合科普图书的定义，是科普图书中最核心的部分。一般科普图书在内容、目的、形式等方面属于科普图书的范畴，但是以特定职业人员为对象，基本符合科普图书的定义，是科普图书的重要组成部分。泛科普图书则是科普图书中有争议的部分，根据对科普图书定义界定的严格与宽泛，可以决定一部分泛科普图书是否属于科普图书，因此，泛科普图书是科普图书中较具有弹性的部分。

图1-1　科普图书三分法

将科普图书分为核心科普图书、一般科普图书、泛科普图书，其初衷主要是想利用计算机技术对数字化图书资源中的科普图书进行分类提取。随着计算机技术的发展，图书信息数字化已经成为一种常态，中国国家图书馆（简称国家图书馆）、中国版本图书馆都在进行图书资源数字化，亚马逊、京东商城、当当网等网络销售平台也都有海量数字化科普图书信息。可以说，目前数字化已经成为科普图书发展的一个重要趋势。

第三节 科普图书数据的来源与提取方法

一、科普图书数据的来源

本书数据来源于全国图书馆联合编目中心和北京开卷信息技术有限公司，不包括出版社直销和作者直销的图书。国家图书馆是世界上最大的中文图书馆，中文图书资源最全，而且近年来已经陆续进行了数字化整理。按照国家图书出版相关规定，每年新发行的图书均需向版本图书馆和国家图书馆报送图书，此外，国家图书馆设有专门的图书催缴人员，对各个出版社出版的新书进行催缴。据国家图书馆的工作人员介绍，每年10月份前后，国家图书馆对前一年度出版新书的收藏比例达90%以上，到12月底收藏比例可达到95%以上。

北京开卷信息技术有限公司于1998年建立了"全国图书零售市场观测系统"，通过收集全国主要图书市场（大中型城市）的主要零售门市的逐月零售数据，监测图书零售市场的销售状况。参照全国图书市场的分布和结构，以及零售销售点终端（POS）系统的使用情况，该系统抽样选取全国3115家书店门市（其中包括超市店、校园店、专业店、机场店），每月定时收集各书店当月的全部零售信息。[1]从书店的分布来看，目前除了西藏自治区及港澳台地区外，其他地区有影响力的书店均被包

---

[1] 截至2018年1月，"全国图书零售市场观测系统"采样已经覆盖全国6 000余家实体书店和网上书店。这些采样单位的平均每月图书零售码洋超过38亿元，地面书店监控3 450余家，网店监控3 500余家。

括在该系统中。除实体店外，北京开卷信息技术有限公司还采集了京东商城、北京时代蔚蓝信息技术有限公司、中国互动出版网、中国图书网、天津图书大厦股份有限公司、南京唐人图书—万象书坊、南京博凡文化有限公司、南昌市青苑书店、上海悦悦图书有限公司、山东读乐尔文化传媒有限公司、广州购书中心等11家大型网店及3 000多家零售网店的销售数据。本书数据基于以上统计结果。

二、科普图书数据的提取方法

本书根据国家图书馆的图书分类和编目特点，采用统筹筛选的方法在全国图书馆联合编目中心的数据库中提取科普图书数据。所谓统筹筛选法，就是针对国家图书馆的图书分类情况和图书数据情况，以及科普图书在内容、形式、主题、分布等方面的复杂性，对不同类别的图书设定不同的提取关键词，在此基础上或提取、或排除、或提取与排除相结合，最终从数据库中提取出相应的科普图书数据。

国家图书馆主要采用中国图书馆图书分类法（以下简称"中图分类法"）对图书进行分类，即将所有图书分为哲学人文社会科学、自然科学和综合三个大类，在三个大类之下再按专业进行细分，如A类为马克思主义、列宁主义、毛泽东思想、邓小平理论；B类为哲学、宗教；C类为社会科学总论；D类为政治、法律；E类为军事；F类为经济；Q类为生物科学；R类为医药、卫生等。科普类图书零散地、不均衡地分布在这些图书类别中，如E军事类中科技在军事中的运用及武器装备方面的图书；J艺术类中关于单镜头反光照相机的介绍；I文学类中的科学故事；R医药、卫生类中关于家庭保健的图书；S农业科学中关于农作物种植及农业技术的图书等，都属于科普图书。此外，国家图书馆对每册图书进行编目时有书号、定价、书名、作者、译者、从书名、出版单位、页码、出版年、一般性附注内容、款目要素、论题复分、形式复分等多达43条编目信息，这些编目中包含了图书的内容（"一般性附注内容"中图书的内容提要）、对象（"形式复分"中的少儿读物、青年读物、中老年人读物等）、形式（分类号中的−49类[①]）等相关信息。因此，完全可以从上述编目信息中判断出一本图书是否属于科普图书，这为利用计算机技术从国家图书馆的馆藏资源中分类提取科普图书提供了可能。

本书根据中图分类法的分类特点，经过多次反复试验，决定用统筹筛选的方法对A至Z各个类别进行单独提取，具体做法是：在数据库中提取出关键词，然后对关键词进行相互组合，分步骤对各个类别的数据进行筛选。关键词分为科普关键词和非科普关键词，如"图文""注音"等属科普关键词，"研究""教材"等属非科普关键词，针对关键词的类型分别采用提取或剔除的方式进行数据筛选。筛选过程分为初试、中试和最终提取三个步骤：①随机提取1 000条数据样本，人工选出其中的科普图书，然后在样本数据（一般为1 000条）中提取出科普关键词，用统筹筛选法在样本数据中提取科普图书，将用统筹筛选法提取出的科普图书与人工确认的科普图书进行对比，算出覆盖比例，比例在90%以上方可进入中试；②从分类数据（如E军事类）中提取图书信息，扩大科普关键词库，用初试确定的统筹筛选法在数据库中按中图分类法进行分类提取，并根据提取结果适当调整筛选方法；③在整个数据库中进行数据提取，对提取结果进行数据清洗和人工甄别，并按核心科普图书、一般科普图书和泛科普图书对最终数据进行分类。

以E军事类书籍为例（图1-2），在军事类的书目信息中有

[①]《中国图书馆分类法》（第五版）之《总论复分表》中规定，−4类图书为教育与普及类，−49为普及读物。

许多与科普相关的关键词，如正题名中的"图说、百科、兵器、战舰"；一般性附注中的"必读、注音版、图文版、科普书"；提要中的"浅显平易、图文并茂"；款目要素中的"武器、枪械、手枪、轰炸机"；形式复分中的"青少年读物、儿童读物"等。如果一条书目含有"兵器""青少年读物"两个关键词，那么该书一定属于科普图书。如果一条书目中含有"兵器""图文并茂""军事史"等词，那么就可以判断出该书是关于兵器史的通俗性读物，属于科学加历史的内容，因此即可将之归入第三类科普——泛科普的范畴。对该类数据的提取方法如下：①去掉教材、研究、会议资料、参考资料等非科普类图书；②将形式复分中的少儿读物、通俗读物、青少年读物、普及读物、儿童读物、手册、图解、图集等科普类条目提取出来；③以论题复分中的武器、武器装备、军事技术、军事应用、技术史等为关键词做进一步提取；④对提取结果进行数据清洗和人工甄别。E类样本数据中人工统计出的科普类图书共有213种，确定关键词后运用统筹筛选的方法在1 000条样本数据中提取的科普图书数量为205种，覆盖比例为96.2%。

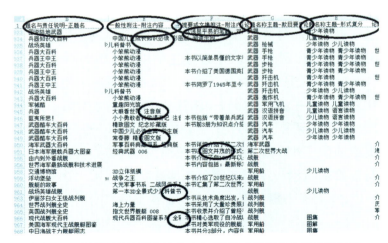

图1-2　全国图书馆联合编目中心E类图书数据信息部分显示项

根据科普图书在中图分类法中的分布，本书主要选取哲学人文社会科学类中的E（军事）、F（经济）、G（文化、科学、教育、体育）、I（文学）、J（艺术）、K（历史、地理）等类及所有自然科学类和综合类进行提取。表1-1是用统筹筛选法在各分类样本数据中获取的科普图书覆盖比例。K类由于提取方式区别较大，因此分两部分进行提取。从提取结果看，除K9（地理）、F（经济）、G（文化、科学、教育、体育）等几类外，其他覆盖比例均在90%以上，可见统筹筛选法总体上是有效的，借助计算机用此方法在数据库中提取科普图书是可行的。但统筹筛选法也存在着一些不足的地方，如提取关键词时需要先借助人工甄别科普关键词，而且有些词只有在限定条件下才能成为科普关键词，因此在建立科普关键词库时难免会有错误和疏漏。其结果表明，一方面是导致科普图书提取不完全，存在被漏掉的科普数据；另一方面也会致使非有效数据响应的比例偏高，获取的结果还需人工进一步甄别等。

表1-1 运用统筹筛选法产生的样本数据中科普图书的覆盖比例

单位：%

科普图书中图分类	样本中获取科普图书覆盖比例	科普图书中图分类	样本中获取科普图书覆盖比例
E军事	96.2	P天文学、地球科学	97.8
F经济	83.1	Q生物科学	99.3
G文化、科学、教育、体育	88.3	R医药、卫生	93.2
I文学	100	S农业科学	98.9
J艺术	100	T工业技术	98.7
K8传记、文物考古、风俗习惯	100	U交通运输	100

续表

科普图书中 图分类	样本中获取科普 图书覆盖比例	科普图书中 图分类	样本中获取科普 图书覆盖比例
K9地理	77.1	V航空、航天	100
N自然科学 总论	100	X环境科学、安 全科学	100
O数理科学和 化学	94.9	Z综合性图书	100

第四节　科普图书数据提取流程

统筹筛选法在各类数据中的提取流程如下。

一、E类科普图书提取流程

E类为军事类，科技在军事中的运用及武器装备方面的图书均可归入科普类图书。

①去掉史料、教材、文集、升学参考资料、教学参考资料、学习参考资料、自学参考资料、丛刊、年鉴、选编、目录、汇编、会议资料、会议录、习题集、研究、题库、试题、考试、题解等非科普类图书。

②将形式复分中的少儿读物、通俗读物、青少年读物、普及读物、儿童读物、手册、图解、图集等科普类条目提取出来。

③将论题复分中的基本知识、介绍、武器、武器装备、军事技术、军事应用、技术史、情报收集等科普类条目提取出来。

二、F类科普图书提取流程

F类为经济类，以人文社会科学方面的图书为主，其中的科普类图书相对较少。

①去掉史料、教材、文集、升学参考资料、教学参考资料、学习参考资料、自学参考资料、丛刊、年鉴、选编、目录、汇编、会议资料、会议录、习题集、研究、题库、试题、考试、题解等非科普类图书。

②在F类"论题复分""款目要素"两个栏目下将与自然科学相关的图书提取出来。

三、G类科普图书提取流程

G类为文化、科学、教育、体育类，是科普理论类书籍较为集中的类别。

①去掉史料、教材、文集、升学参考资料、教学参考资料、学习参考资料、自学参考资料、丛刊、年鉴、选编、目录、汇编、会议资料、会议录、习题集、研究、题库、试题、考试、题解等非科普类图书。

②提取出G类中的所有自然科学类书籍；提取出形式复分中含有"读物"的条目。提取出论题复分中含有"收藏""鉴赏""智力开发""消防""生存""心理""训练""运动""基本知识"等关键词的条目；提取出款目要素中含有"青春期""性教育""智力游戏""运动""健身""训练""学前教育""环境教育""安全教育""数学""女性""男性""野外""野营"等关键词的条目。

③去掉款目要素中含有"中华文化""国学""语文""古典""阅读""英语""汉语"等关键词的条目；去掉论题复分中含有"教案""试题"等关键词的条目。

四、I类科普图书的提取流程

I类为文学类，科普类图书集中在科幻小说、科学散文、科学小品等，直接将这些类别的图书提取出即可。

五、J类科普图书的提取流程

J类为艺术类，包括绘画、雕塑、陶瓷、书法、篆刻、摄影、工艺、音乐、舞蹈、戏剧、影视等，其中科普类图书较为集中的类别为摄影。在J类中，除摄影外的类别中的科普类作品略去不计，重在统计摄影类科普作品。

①去掉史料、教材、文集、升学参考资料、教学参考资料、学习参考资料、自学参考资料、丛刊、年鉴、选编、目录、汇编、会议资料、会议录、习题集、研究、题库、试题、考试、题解等非科普类图书。

②在论题复分中提取单镜头反光照相机、摄影技术等与科普相关的条目。

③在款目要素中提取出数字照相机、风光摄影、野生动物、野生植物等与科普相关的条目。

六、K8类科普图书提取程

K8类为传记、文物考古和风俗习惯等类，其中科普类图书以名人传记为主，直接将科学家、科学工作者、医生、院士等与自然科学相关人群的自传、生平事迹、列传、访问记、回忆录提取出即可。

七、K9类科普图书提取流程

K9类为地理，包括自然地理、人文地理、历史地理、旅游等，其中科普类图书较为集中的类别是自然地理。需要注意的是，有些人文地理、旅游手册中有相当数量的自然地理内容，该类图书一般也被认为是科普图书，但由于该类图书统计起来较为复杂，因此在这里不将其作为科普图书。K9类中，重在统计单纯介绍自然地理的图书。

①去掉史料、教材、文集、升学参考资料、教学参考资料、学习参考资料、自学参考资料、丛刊、年鉴、选编、目录、汇编、会议资料、会议录、习题集、研究、题库、试题、考试、题解等非科普类图书。

②在形式复分中将通俗读物、普及读物、少年读物、少儿读物、青少年读物、青年读物、儿童读物等相关条目提取出。

③将款目要素中自然地理、地理、山、河流、水、岛、泉等与科普相关的条目提取出。

八、N类科普图书提取流程

N～X类均为自然科学，根据核心科普、一般科普和泛科普的定义，除去教材、教辅、研究等类图书外，其余均有可能是科普，因此N～X类的图书主要采用排除法，即排除明确不是科普图书的图书，余下再进行人工甄别。

N类图书为自然科学总论，其中N49为自然科学教育与普及，因此提取时先将N49条目提出，其余非N49类图书则采用排除法，在形式复分、论题复分、附注内容、丛编题名等项下，对史料、教材、文集、升学参考资料、教学参考资料、学习参考资料、自学参考资料、丛刊、年鉴、选编、目录、汇编、会议资料、会议录、习题集、研究、题库、试题、考试、题解、试卷、德文、双解词典、字典、词典、乡土教材、习题、俄文、教学、英文、法文、编年史、中文、补充教材、法帖等非科普类图书进行去除。

九、O类科普图书提取流程

O类为数理科学和化学。
①先提取出"-49"条目下的科普图书。
②在形式复分、论题复分、款目要素、附注内容、丛编题

名等项下，将非"-49"条目中的史料、教材、文集、升学参考资料、教学参考资料、学习参考资料、自学参考资料、丛刊、年鉴、选编、目录、汇编、会议资料、会议录、习题集、研究、题库、试题、考试、题解、试卷、德文、双解词典、字典、词典、乡土教材、习题、俄文、教学、英文、法文、编年史、中文、补充教材、法帖等非科普类图书进行去除。

③在"附注内容"中去除包含"自然科学基金项目"或"内部"关键词的图书条目。

十、P类科普图书提取流程

P类为天文学、地球科学。

①先将"-49"条目下的科普图书提取出。

②在形式复分、论题复分、款目要素、附注内容、丛编题名等项下，将非"-49"条目中的史料、教材、文集、升学参考资料、教学参考资料、学习参考资料、自学参考资料、丛刊、年鉴、选编、目录、汇编、会议资料、会议录、习题集、研究、题库、试题、考试、题解、试卷、德文、双解词典、字典、词典、乡土教材、习题、俄文、教学、英文、法文、编年史、中文、补充教材、法帖、历书、图表等非科普类图书进行去除。

③在"附注内容"中去除包含"自然科学基金项目"或"内部"关键词的图书条目。

十一、Q类科普图书提取流程

Q类为生物科学。

①先将"-49"条目下的科普图书提取出。

②在形式复分、论题复分、款目要素、附注内容、丛编题名等项下，将非"-49"条目中的史料、教材、文集、升学参考资料、教学参考资料、学习参考资料、自学参考资料、丛刊、

年鉴、选编、目录、汇编、会议资料、会议录、习题集、研究、题库、试题、考试、题解、试卷、德文、双解词典、字典、词典、乡土教材、习题、俄文、教学、英文、法文、编年史、中文、补充教材、法帖、历书、图表等非科普类图书进行去除。

③在"附注内容"中去除包含"自然科学基金项目"或"内部"关键词的图书，在"论题复分"中去除包含"学术会议"的图书。

十二、R类科普图书提取流程

R类为医药、卫生。

①先将"-49"条目下的科普图书提取出。

②在形式复分、论题复分、款目要素、附注内容、丛编题名等项下，将非"-49"条目下的史料、教材、文集、升学参考资料、教学参考资料、学习参考资料、自学参考资料、丛刊、年鉴、选编、目录、汇编、会议资料、会议录、习题集、研究、题库、试题、考试、题解、试卷、德文、双解词典、字典、词典、乡土教材、习题、俄文、教学、英文、法文、编年史、中文、补充教材、法帖、历书、图表、人事制度、文件等非科普类图书进行去除。

③去掉医院管理类图书。采用统筹筛选的方法，第一步，在款目要素中以"医院"为关键词，提取出其中的相关条目；第二步，在论题复分中以"管理""概况""人事制度""财务管理""文件"等为关键词，在第一步的基础上进行二次提取。

十三、S类科普图书提取流程

S类为农业科学。

①先将"-49"条目下的科普图书提取出。

②在形式复分、论题复分、款目要素、附注内容、丛编题

名等项下，将非"-49"条目中的史料、教材、文集、升学参考资料、教学参考资料、学习参考资料、自学参考资料、丛刊、年鉴、选编、目录、汇编、会议资料、会议录、习题集、研究、题库、试题、考试、题解、试卷、德文、双解词典、字典、词典、乡土教材、习题、俄文、教学、英文、法文、编年史、中文、补充教材、法帖、历书、图表、人事制度、文件等非科普类图书进行去除。

③去掉论题复分中决策支持系统、硕士生入学考试、英语、高等专业学校、教育改革、校友、课程改革、校史、教育工作、高等职业教育、中等专业教育、词汇、风险分析、经济信息、统计分析、规划、安全性、考试大纲、教学改革、描写、测试、规程、职业教育、风俗习惯、文件、评估、管理模式、市场营销学、汉语、销售等非科普类图书。

十四、T类科普图书提取流程

T类为工业技术。

①先将"-49"条目下的科普图书提取出。

②在形式复分、论题复分、款目要素、附注内容、丛编题名等项下，将非"-49"条目下的史料、教材、文集、升学参考资料、教学参考资料、学习参考资料、自学参考资料、丛刊、年刊、期刊、年鉴、选编、目录、汇编、会议资料、会议录、习题集、研究、题库、试题、考试、题解、试卷、德文、双解词典、字典、词典、乡土教材、习题、俄文、教学、英文、法文、编年史、中文、补充教材、法帖、历书、图表、人事制度、文件、书籍装帧等非科普类图书进行去除。

③款目要素中含有"玉石"且在论题复分中含有"文化"，两个条件同时满足的条目须去除。

十五、U类科普图书提取流程

U类为交通运输。

①先将"-49"条目下的科普图书提取出。

②在形式复分、论题复分、款目要素、附注内容、丛编题名等项下，将非"-49"条目下的史料、教材、文集、升学参考资料、教学参考资料、学习参考资料、自学参考资料、丛刊、年刊、期刊、年鉴、选编、目录、汇编、会议资料、会议录、习题集、研究、题库、试题、考试、题解、试卷、德文、双解词典、字典、词典、乡土教材、习题、俄文、教学、英文、法文、编年史、中文、补充教材、法帖、历书、图表、人事制度、文件、书籍装帧、招标文件、教学大纲、服务培训手册等非科普类图书进行去除。

③在丛编题名、一般性附注中去掉含有"国家自然科学基金"关键词的条目，正题名中去掉含有"服务"的条目。

十六、V类科普图书提取流程

V类为航空、航天。

①先将"-49"条目下的科普图书提取出。

②在形式复分、论题复分、款目要素、附注内容、丛编题名等项下，将非"-49"条目下的史料、教材、文集、升学参考资料、教学参考资料、学习参考资料、自学参考资料、丛刊、年刊、期刊、年鉴、选编、目录、汇编、会议资料、会议录、习题集、研究、题库、试题、考试、题解、试卷、德文、双解词典、字典、词典、乡土教材、习题、俄文、教学、英文、法文、编年史、中文、补充教材、法帖、历书、图表、人事制度、文件、书籍装帧、招标文件、教学大纲、服务培训手册等非科普类图书进行去除。

③在丛编题名、一般性附注中去掉含有"国家自然科学基金"关键词的条目。

十七、X类科普图书提取流程

X类为环境科学、安全科学。

①先将"–49"条目下的科普图书提取出。

②在形式复分、论题复分、款目要素、附注内容、丛编题名等项下，将非"–49"条目下的史料、教材、文集、升学参考资料、教学参考资料、学习参考资料、自学参考资料、丛刊、年刊、期刊、年鉴、选编、目录、汇编、会议资料、会议录、习题集、研究、题库、试题、考试、题解、试卷、德文、双解词典、字典、词典、乡土教材、习题、俄文、教学、英文、法文、编年史、中文、补充教材、法帖、历书、图表、人事制度、文件、书籍装帧、招标文件、教学大纲、服务培训手册等非科普类图书进行去除。

③在丛编题名、一般性附注中去掉含有"国家自然科学基金"关键词的条目。

十八、Z类科普图书提取流程

Z类为综合性图书，其中既有自然科学类，又有哲学人文社会科学类。

①在款目要素中提取出含有"科学知识"关键词的条目。

②在形式复分、论题复分、款目要素、附注内容、丛编题名等项下，将非"–49"条目下的史料、教材、文集、升学参考资料、教学参考资料、学习参考资料、自学参考资料、丛刊、年刊、期刊、年鉴、选编、目录、汇编、会议资料、会议录、习题集、研究、题库、试题、考试、题解、试卷、德文、双解词典、字典、词典、乡土教材、习题、俄文、教学、英文、法文、编年史、中文、补充教材、法帖、历书、图表、人事制度、文件、书籍装帧、招标文件、教学大纲、服务培训手册等非科普类图书进行去除。

第五节　科普图书数据提取结果

　　运用统筹筛选法在全国图书馆联合编目中心数据库中共提取出科普图书（2015年出版）34 104条，经过数据清洗和人工甄别后剩余为14 076条（表1-2，详细数据见附录一）。这一结果与科技部《中国科普统计（2016年版）》公布的全国2015年出版科普图书的数据（16 600种）较为接近，这从实践方面证明了统筹筛选法总体上的可行性。但从表1-2中也可以看出，统筹筛选法的有效响应比例总体偏低，平均有效响应比例仅有58.88%，说明该方法尚有较大的改进空间。

表1-2　科普图书（2015年出版）提取结果

科普图书类别	电脑提取数据/条	人工甄别剩余数据/条	有效响应比例/%
E军事	552	352	63.77
F经济	61	15	24.59
G文化、科学、教育、体育	5 307	1 705	32.13
I文学	439	433	98.63
J艺术	720	165	22.92
K历史、地理	173	162	93.64
N自然科学总论	296	275	92.91
O数理科学和化学	928	529	57.00
P天文学、地球科学	1 001	641	64.04
Q生物科学	1 778	1 560	87.74
R医药、卫生	6 956	2 710	38.96

续表

科普图书类别	电脑提取数据/条	人工甄别剩余数据/条	有效响应比例/%
S农业科学	2 013	1 392	69.15
T工业技术	10 488	2 310	22.03
U交通运输	1 246	461	37.00
V航空、航天	210	107	50.95
X环境科学、安全科学	675	380	56.30
Z综合性图书	1 261	879	69.71
总计	34 104	14 076	

　　将上述提取的科普图书数据放在北京开卷信息技术有限公司的"全国图书零售市场观测系统"中进行匹配（以ISBN为依据进行匹配），得到13 280条图书书目的相关销售数据，包括图书的全国总销量、实体店销量、网店销量、在架书店比率、动销书店比率、在架动销比率、存销比等多项图书销售信息。其余796条图书书目因未在该系统的监测范围内而没有匹配到相关销售数据。

　　通过这些图书数据，可以清晰地了解2015年乃至近几年科普图书在出版种类与数量、内容分布、作者、译著、销售量等诸多方面的情况，可以更准确地把握科普图书的整体出版情况及市场反应，从而为图书出版单位出版科普图书提供参考，为政府相关部门制定科普政策提供依据。同时，这些图书数据也可以直接服务于科普图书评奖与推荐活动，为科普图书相关活动提供评价指标，为作者提供建议，引导其进行科普创作，为读者提供指引，引导其阅读。此外，这些数据为科普图书研究者提供了第一手研究资料，为研究者从多角度、多方面展开深入研究提供材料支撑。

第二章

科普图书出版概况

第一节　科普图书出版概况

近年来，我国科普图书出版发展态势相对稳定。从科技部2008～2015年发布的中国科普统计数据来看，我国科普图书在出版种类、发行数量等方面总体呈平稳增长势头。从图中可以看出，在科普图书出版种类方面，除2012年稍有回落外，其余年份均有所增加，其中2009年和2015年增幅较大（图2-1）；科普图书发行数量虽然常有波动，但总体呈增长态势，2015年科普图书发行达到1.34亿册，首次突破亿册大关（图2-2）。

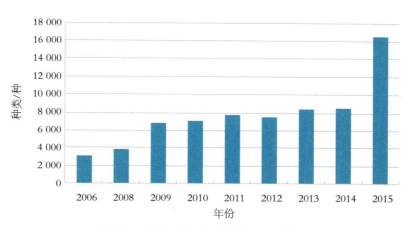

图2-1　2006～2015年科普图书出版种类

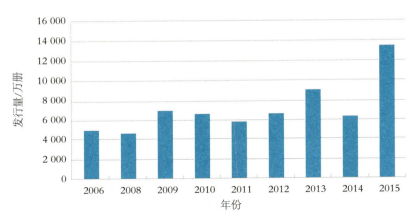

图2-2　2006～2015年科普图书发行数量

　　另一方面，单种科普图书平均发行量波动较大，且呈下降趋势，如图2-3所示，2006年、2008年、2009年和2013年，单种图书平均出版册数在1万册以上，分别为15 567册、11 674册、10 120册和10 519册，2011年与2014年是两个谷值，单种图书平均出版册数不足8 000册，分别为7 402册和7 241册。科普图书

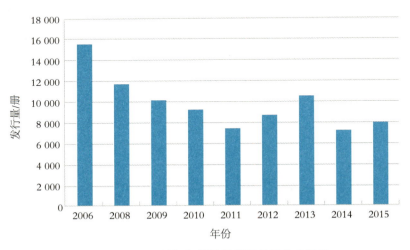

图2-3　2006～2015年单种科普图书平均发行量

在年出版图书种数中所占比例也波动较大，但总体呈上升趋势；而科普图书发行量在年出版图书总发行量中所占比例则相对稳定，大多维持在0.5%～1%，2015年则相对较高（图2-4）①。

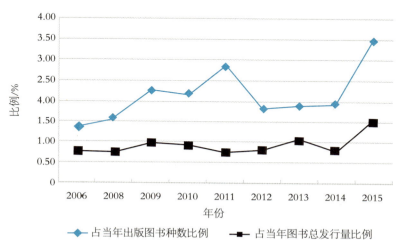

图2-4　2006～2015年科普图书占年出版图书种类总数及总发行量比例

第二节　2015年出版科普图书统计情况分析

2015年是"十二五"时期的收官之年，科普图书出版成绩突出，除出版种类和印刷册数有大幅增加外，单种图书平均出版册数也有所回升。《中国科普统计（2016年版）》中的统计数据显示，2015年全国共出版科普图书16 600种，比2014年增加

---

① 本部分中2006年、2008年、2009年三年的数据主要依据国家新闻出版总署2006～2009年《全国新闻出版业基本情况》和科技部2008～2010年《中国科普统计》中公布的相关数据计算得出。

8 093种，几乎翻了一倍，首次突破10 000种，占同年全国出版图书总种数的3.49%；印刷册数为1.34亿册，占同年全国出版图书总册数的1.54%。[①]2015年科普图书的出版种数和印刷册数都是历年来所占比例最高的一年。

本书利用统筹筛选的方法在全国图书馆联合编目中心数据库中共提取出2015年出版的科普图书14 076种，这与《中国科普统计（2016年版）》发布的2015年出版科普图书总数较为接近。其中，核心科普图书有7 588种，占所提取科普图书总数的53.9%；一般科普图书2 099种，占所提取科普图书总数的14.9%；泛科普图书4 389种，占所提取科普图书总数的31.2%（图2-5）。

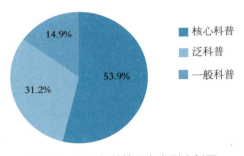

图2-5　2015年科普图书类型比例图

一、2015年出版科普图书学科分类统计情况

从学科分布来看（图2-6），R类（医药、卫生）、T类（工业技术）、G类（文化、科学、教育、体育）、Q类（生物科学）、S类（农业科学）、Z类（综合性图书）等几类的科普图书数量最多，共有10 989种（其中R类2 710种、T类2 310种、G类1 705种、Q类1 560种、S类1 392种），占所提取科普图书总数的68.7%。可

① 中华人民共和国科学技术部.中国科普统计（2016年版）[M].北京：科学技术文献出版社，2016：76.

以看出，与医药、卫生，工业技术，生物科学，农业科学，以及文化、科学、教育、体育等学科相关的科学知识是目前科学普及的主要阵地。

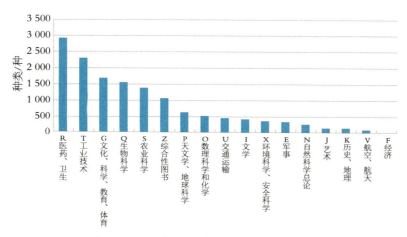

图2-6 2015年出版科普图书学科分布情况

从科普图书类型与学科分布的交叉情况来看（表2-1），Q类（生物科学）、G类（文化、科学、教育、体育）、R类（医药、卫生）和Z类（综合性图书）等几类学科的核心科普图书最多，总数达4 748种，占核心科普图书总数的62.6%。一般科普图书则主要集中在农业科学，该学科中的一般科普图书有1 155种，占一般科普图书总数的55.0%。泛科普图书主要集中在R类（医药、卫生）和T类（工业技术）两类，这两类中的泛科普图书有2 938种，占泛科普图书总数的66.9%。

表2-1 2015年出版科普图书学科与类型交叉表

单位：种

科普图书学科分类	科普图书类型			合计
	核心科普	一般科普	泛科普	
Z综合性图书	876	0	3	879

续表

科普图书学科分类	科普图书类型			合计
	核心科普	一般科普	泛科普	
X环境科学、安全科学	290	61	29	380
V航空、航天	74	3	30	107
U交通运输	108	20	333	461
T工业技术	547	320	1 443	2 310
S农业科学	184	1 155	53	1 392
R医药、卫生	1 087	128	1 495	2 710
Q生物科学	1 402	41	117	1 560
P天文学、地球科学	574	9	58	641
O数理科学和化学	482	12	35	529
N自然科学总论	250	4	21	275
K历史、地理	138	10	14	162
J艺术	0	0	165	165
I文学	21	0	412	433
G文化、科学、教育、体育	1 383	270	52	1 705
F经济	1	2	12	15
E军事	171	64	117	352
合计	7 588	2 099	4 389	14 076

二、2015年出版科普图书译著情况分析

在提取的科普图书中，译著有2 899种，约占当年科普图书总数的20.6%。从译著来源来看（图2-7），2015年出版科普图书中的译著来源有英国、美国、法国、韩国、日本、德国、苏联、

俄罗斯、比利时、加拿大、意大利、澳大利亚等国家和地区，其中译自英国、美国、法国、韩国、日本及德国等几个国家的最多，共有2 505种（其中有译自英国的606种、译自美国的576种、译自法国的493种、译自韩国的398种、译自日本的280种、译自德国的152种），占2015年出版科普图书译著总数的86.4%。从译著的科普图书类型来看，核心科普图书有2 134种，约占译著总数的73.6%；一般科普图书有198种，约占译著总数的6.8%；泛科普图书有567种，约占译著总数的19.6%。

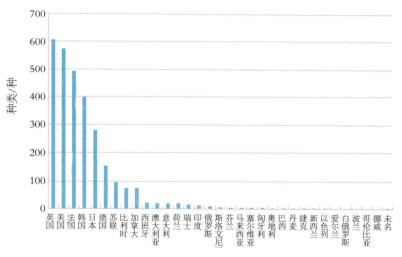

图2-7 2015年出版科普图书译著来源国及地区分布情况

从译著类科普图书的学科分布来看（图2-8），Q类（生物科学）、G类（文化、科学、教育、体育）、T类（工业技术）、I类（文学）、R类（医药、卫生）、O类（数理科学和化学）、P类（天文学、地球科学）等几个学科的图书数量较多。比较图2-6和图2-8可以看出，译著科普图书的学科分类基本与2015年出版科普图书整体学科分布一致，即Q类（生物科学）、G类（文化、科学、教育、体育）、T类（工业技术）、R类（医药、卫生）等学科的科普图书较多。所不同的是，在科普图书整体学科分布中占比较小的I类（文学）、O类（数理科学和化学）、P类（天文学、地球科学）科普图书在译著中的比例却不小，数量排名在S类（农业科学）、Z类（综合性图书）之前。这与国外的科幻小说、天文知识类普及作品等在国内图书市场较受欢迎有很大关系。

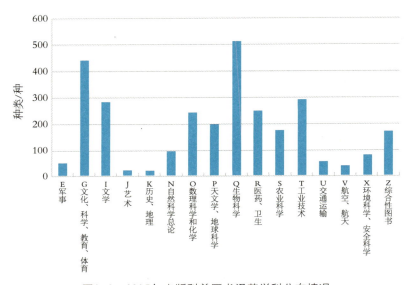

图2-8　2015年出版科普图书译著学科分布情况

在全国图书馆联合编目中心的编目信息中，"论题名称主题—形式复分"中的信息有儿童读物、少儿读物、少年读物、青少年读物、普及读物、技术手册、图集、指南等，从中可以大致判断出大部分图书的目标人群。为统计方便，将少儿读物和儿童读物统一为"儿童读物"，将少年读物、青年读物、青少年读物统一为"青少年读物"，将普及读物、通俗读物、语言读物、小说集等统一为"成年人读物"，将针对老年人的读物统一为"老年人读物"，将图解、图集、技术手册等统一为"特定人群读物"，统一后的结果如图2-9所示。从图中可以看出，以儿童为对象的科普图书最多，共有1 337种，约占译著类科普图书总数的46.1%；其次为面向成人大众的普及读物、通俗读物、语言读物及小说集等，共有837种，约占译著类科普图书总数的28.9%；再次为青少年读物，共有386种，约占译著类科普图书总数的13.3%，其余则是面向各种爱好者等特定人群的技术手册、图集、图解等，面向老年人的科普图书也有一些，但数量不多。

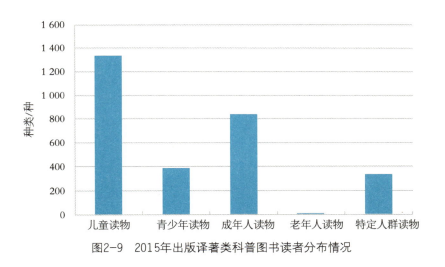

图2-9　2015年出版译著类科普图书读者分布情况

三、2015年出版科普图书丛书分析

2015年出版的科普图书中丛书有1 503套，共7 040种，所占比重很大，约占当年科普图书总数的50%，非丛书类有7 036种。丛书中核心科普图书有4 808种，约占丛书总数的68.3%，一般科普图书和泛科普图书分别为816种和1 416种，分别占丛书总数的11.6%和20.1%。

从学科分布来看（图2-10），丛书多集中在G类（文化、科学、教育、体育）、Q类（生物科学）、R类（医药、卫生）和Z

类（综合性图书）等几门学科，与2015年度科普图书的整体学
科分布大致相同。

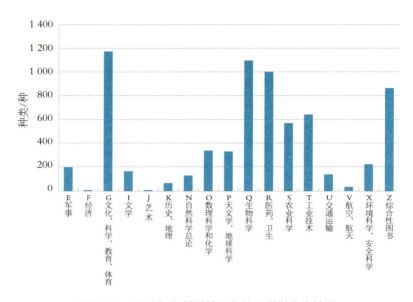

图2-10　2015年出版科普图书丛书学科分布情况

就丛书面向的读者群而言（图2-11），儿童科普图书在丛书

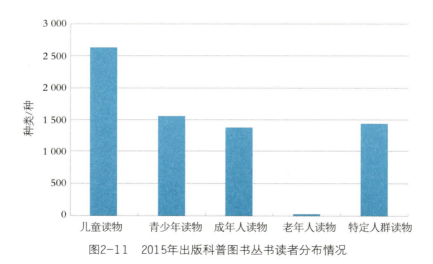

图2-11　2015年出版科普图书丛书读者分布情况

中占有很大比重，共有2 630种，约占丛书所含图书总数的37.4%；其次为青少年读物，共有1 562种，约占丛书所含图书总数的22.2%。成年人读物和特定人群读物分别为1 378种和1 440种，剩余少量为老年人读物。

四、2015年出版科普图书定价情况分析

统计结果（图2-12）显示，2015年出版科普图书定价区间集中在10～40元，该价格区间图书数量为9 443种，约占当年科普图书总数的67.1%。定价在20～30元的科普图书数量最多，有3 812种，约占当年科普图书总数的27.1%；其次是定价在10～20元和30～40元的图书，其数量分别为3 089种和2 542种。

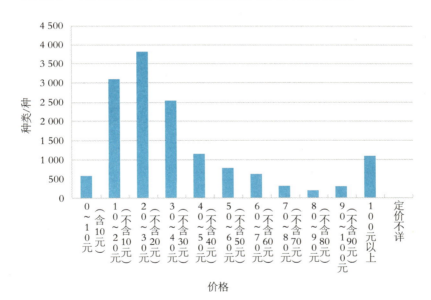

图2-12　2015年出版科普图书价格分布情况

表2-2　2015年出版科普图书类型及价格区间交叉表

单位：种

价格区间	科普图书类型			合计
	泛科普	核心科普	一般科普	
定价不详	1	6	3	10
100元以上	277	759	10	1 046
90～100元（不含90元）	137	108	19	264
80～90元（不含80元）	105	68	27	200
70～80元（不含70元）	170	116	25	311
60～70元（不含60元）	294	163	114	571
50～60元（不含50元）	395	248	109	752
40～50元（不含40元）	535	402	183	1 120
30～40元（不含30元）	1 040	1 031	404	2 475
20～30元（不含20元）	1 098	2 074	640	3 812
10～20元（不含10元）	306	2 267	456	3 029
0～10元（含10元）	31	346	109	486
合计	4 389	7 588	2 099	14 076

从科普图书类型的价格分布来看（表2-2），核心科普图书的价格集中在10～40元，其中价格在10～20元的核心科普图书最多，有2 267种，其次是20～30元的核心科普图书，有2 074种。一般科普图书的价格同样集中在10～40元，其中20～30元的一般科普图书较多，有640种。泛科普图书的价格虽然稍有不同，多集中在20～50元，但最集中的价格区间也是20～30元，有1 098种，价格在30～40元的泛科普图书为数也不少，有1 040种。

表2-3 2015年出版科普图书学科及价格情况交叉表

单位：种

科普图书学科分类	价格区间/元										
	0~10元（含10元）	10~20元（不含10元）	20~30元（不含20元）	30~40元（不含30元）	40~50元（不含40元）	50~60元（不含50元）	60~70元（不含60元）	70~80元（不含70元）	80~90元（不含80元）	90~100元（不含90元）	>100元
E军事	3	70	76	40	68	24	35	3	9	3	21
F经济	0	1	1	0	0	0	1	6	3	1	2
G文化、科学、教育、体育	213	543	340	232	110	62	41	8	26	43	87
I文学	11	102	131	95	31	16	10	4	5	6	20
J艺术	0	0	0	7	46	20	6	24	11	22	28
K历史、地理	3	32	48	18	24	13	7	4	3	2	7
N自然科学总论	3	95	81	20	18	13	10	11	2	7	14
O数理科学和化学	37	141	141	70	25	17	11	6	8	14	59
P天文学、地球科学	16	152	212	85	42	21	7	9	9	12	76

续表

科普图书学科分类	价格区间/元										
	0~10元(含10元)	10~20元(不含10元)	20~30元(不含20元)	30~40元(不含30元)	40~50元(不含40元)	50~60元(不含50元)	60~70元(不含60元)	70~80元(不含70元)	80~90元(不含80元)	90~100元(不含90元)	>100元
Q生物科学	49	555	390	121	75	47	41	27	18	14	222
R医药、卫生	24	319	1 030	900	103	108	76	31	18	24	77
S农业科学	32	471	488	140	66	53	38	15	6	19	64
T工业技术	25	171	418	515	377	268	226	110	59	69	71
U交通运输	2	65	67	120	80	33	24	7	12	13	38
V航空、航天	1	21	20	17	10	9	6	2	3	3	14
X环境科学、安全科学	47	81	96	60	14	7	3	9	0	3	59
Z综合性图书	20	210	273	35	31	41	29	35	8	9	187
合计	486	3 029	3 812	2 475	1 120	752	571	311	200	264	1 046

从科普图书学科与价格的交叉情况（表2-3）来看，在10～20元价格区间中Q类（生物科学）图书最多，有555种，占该价格区间科普图书总数的18.3%。在20～30元和30～40元价格区间中R类（医药、卫生）科普图书均为最多，分别为1 030种和900种，分别占相应价格区间科普图书总数的27.0%和36.4%。各学科科普图书价格也多集中在10～40元。

五、2015年出版科普图书页数情况分析

统计（图2-13）显示，2015年出版科普图书中页数在100～200页的图书数量最多，共4 484种，约占该年科普图书总数的31.9%，其次为0～100页和200～300页的图书，数量分别为3 702和3 097种，分别占该年科普图书总数的26.3%和22.0%。需要解释的是，大部分1 000页以上的图书及少部分500～1 000页的图书为丛书，其显示的页码为丛书总页码。

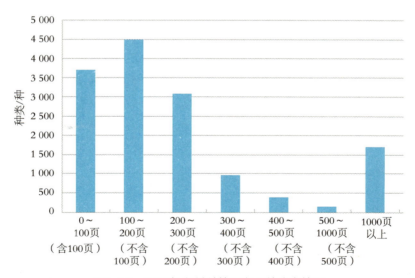

图2-13　2015年出版科普图书页数分布情况

第三节　小　结

　　2015年是目前所统计的历年出版科普图书最多的一年。无论是科普图书种数还是总印刷数量都是历年之最，单种科普图书的发行量也比2014年有所回升。同时，2015年出版的科普图书种数和印数在该年全国出版图书种数和印数中所占比例也都是历史新高。可见，2015年是科普图书快速发展的一年。就内容来看，R类（医药、卫生）、T类（工业技术）、G类（文化、科学、教育、体育）、Q类（生物科学）、S类（农业科学）、Z类（综合性图书）等几个类别的科普图书最多，约占2015年出版科普图书总数的78.1%。就图书价格来说，该年科普图书价格总体比较亲民，多在10～40元。此外，译著在2015年科普图书中所占比例约为20.6%；丛书数量很大，约占一半。可以说，2015年是科普图书发展的一个新起点。一方面，政府越来越重视科普事业，鼓励繁荣科普创作，社会上各种图书评奖活动越来越多地关注科普图书，新媒体的快速发展也可以成为促进科普图书发展的有利条件；另一方面，科普图书创作者也越来越注意贴近大众生活，关注社会发展。在这样的大环境下，未来几年科普图书将会迎来一段快速发展的时期。

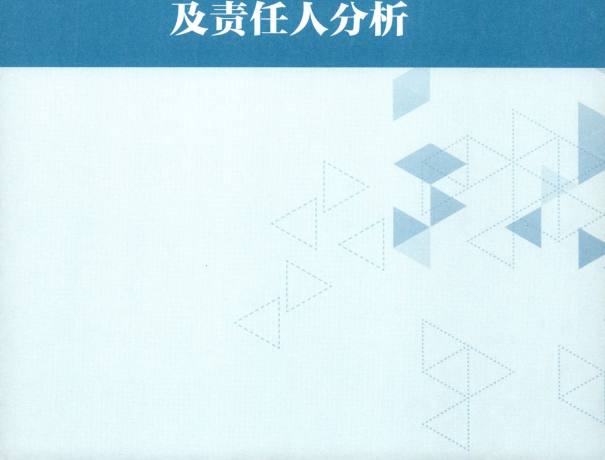

第三章

出版地、出版社及责任人分析

第一节 出版地分析

本书统计结果显示，2015年全国共有53个城市出版科普图书，其中北京、长春、南京、武汉、上海等五个城市出版的科普图书数量位列前五名，合计出版科普图书9 770种，占全国科普图书总数的69.4%。北京出版的科普图书数量最多，有7 442种，占全国科普图书总数的52.9%，以绝对优势高居榜首。长春、南京、武汉、上海等地出版的科普图书分别为704种、615种、517种、492种，位列北京之后（图3-1，因版面局限，本图只显示出版数量在100种以上的地区）。这一统计结果与科技部《中国科普统计（2016年版）》公布的统计数据有所出入。在排名方面，科技部是以省级行政区划单位为单位进行统计，其前五名分别是北京、上海、新疆、四川和湖北，本书则是以市为单位进行统计；在出版数量方面，科技部的统计结果中北京、上海2015年出版的科普图书数量分别为4 595种和1 074种，与本书的统计结果不同。

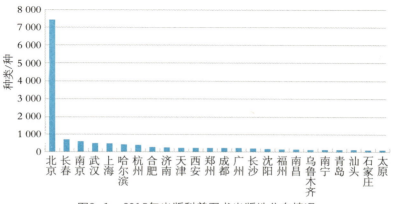

图3-1 2015年出版科普图书出版地分布情况

北京、长春、南京、武汉、上海等五个城市2015年出版科普图书的出版单位数量共有269家，其出版单位数量依次为186家、13家、17家、16家、37家。这五个城市中出版科普图书的出版单位平均出版科普图书的数量依次为40种、54种、36种、32种、13种。五个城市中出版科普图书数量最多的出版单位分别为化学工业出版社（819种）、吉林科学技术出版社（179种）、江苏凤凰科学技术出版社（338种）、长江少年儿童出版社（156种）、上海科学技术普及出版社（95种）。从以上统计数据可以看出，北京虽然在科普图书出版数量、出版单位数量等方面占有绝对优势，但在出版单位平均出版科普图书数量上却并不突出，甚至低于长春市。

一、出版地与学科分布分析

从表3-1可以看出，北京、长春、武汉出版的科普图书分别集中在T类（工业技术）、Q类（生物科学）和G类（文化、科学、教育、体育）学科领域，南京、上海出版的科普图书则多集中在R类（医药、卫生）。总体上看，这五个地区出版的科普图书主要集中在T类（工业技术）和R类（医药、卫生），基本与2015年全国出版的科普图书的学科分布一致。

表3-1　2015年出版地前五名出版科普图书学科分布

单位：种

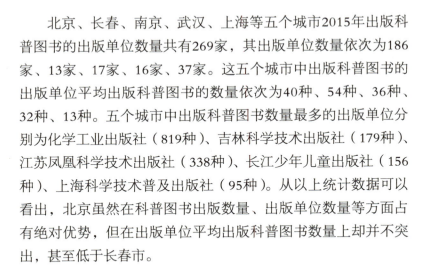

科普图书学科分类	北京	长春	南京	上海	武汉	合计
Z综合性图书	442	104	13	28	56	643
X环境科学、安全科学	208	16	6	42	9	281
V航空、航天	62	7	3	5	2	79
U交通运输	354	16	3	2	11	386

续表

科普图书学科分类	北京	长春	南京	上海	武汉	合计
T工业技术	1 754	45	63	41	55	1 958
S农业科学	812	37	32	23	27	931
R医药、卫生	1 317	111	242	148	77	1 895
Q生物科学	596	172	26	56	55	905
P天文学、地球科学	328	20	12	22	39	421
O数理科学和化学	247	13	11	40	6	317
N自然科学总论	135	16	18	16	12	197
K历史、地理	66	3	2	2	12	85
J艺术	126	2	0	0	1	129
I文学	148	14	46	15	29	252
G文化、科学、教育、体育	618	102	137	44	121	1 022
F经济	5	0	0	0	0	5
E军事	224	26	1	8	5	264
合计	7 442	704	615	492	517	9 770

二、出版地与科普图书类型分析

就科普图书类型而言，北京、长春、南京、武汉、上海等地区出版的核心科普图书最多（图3-2），共有4 808种，占这五个地区出版科普图书总数的49.2%，占2015年出版全国核心科普图书总数的61.6%。五个地区出版的一般科普图书和泛科普图书数量分别为1 611种、3 347种，分别占五地区出版科普图书总数的16.5%和34.3%，分别占2015年全国出版一般科普图书和泛科普图书总数的72.9%和74.4%。

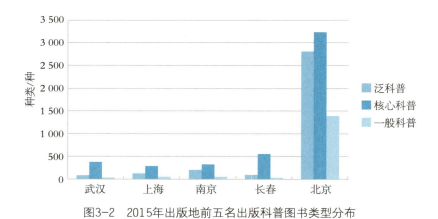

图3-2　2015年出版地前五名出版科普图书类型分布

三、出版地与译著分析

就出版译著情况（图3-3，因版面局限，本图未显示数量较少地区）来看，北京出版译著最多，有1 429种，约占2015年科普图书译著总数的49.3%，上海、武汉、杭州、南宁等地出版的科普图书译著也较多。这五个城市出版译著的数量合计有1 968种，约占当年科普图书译著总数的67.9%。从译著来源国别（表3-2，本表不体现图书数量较少的地区和国别）来看，各个地区出版科普图书译著的来源国别有所不同，如北京、长沙等地译自英国的科普图书最多，分别有350种、44种；上海、武汉、南宁等地译自美国的科普图书最多，分别有45种、33种、26种；杭州译自韩国的科普图书最多，有71种。值得一提的是，北京由于出版科普图书译著较多，因此译自各国的图书数量也都很多，除英国外，译自美国、法国、韩国、日本等国的图书也均在100种以上。

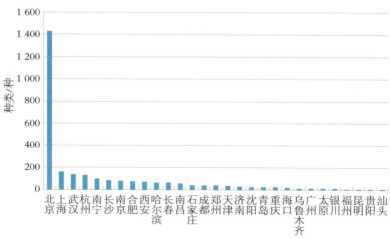

图3-3 各出版地出版译著情况

表3-2 各出版地出版科普图书译著来源国别情况

单位：种

出版地	译著来源国别						合计
	德国	法国	韩国	美国	日本	英国	
重庆	2	9	0	10	2	2	25
郑州	1	1	3	3	16	8	32
西安	0	34	0	3	3	18	58
武汉	21	16	13	33	22	22	127
天津	0	17	0	14	2	3	36
石家庄	6	12	7	2	15	1	43
沈阳	0	4	1	12	11	0	28
上海	1	12	9	45	20	16	103
青岛	0	3	13	0	6	0	22
南宁	0	17	19	26	10	18	90
南京	0	5	8	31	16	14	74

续表

出版地	译著来源国别						合计
	德国	法国	韩国	美国	日本	英国	
南昌	1	6	13	0	10	7	37
济南	5	16	1	3	0	2	27
合肥	0	20	0	17	1	37	75
杭州	4	3	71	31	10	8	127
海口	0	7	6	6	1	2	22
哈尔滨	0	23	3	1	1	21	49
成都	1	10	2	18	1	10	42
长沙	0	4	25	4	6	44	83
长春	1	24	5	6	6	15	57
北京	92	214	196	297	112	350	1 261
合计	135	457	395	562	271	598	2 418

第二节 出版社分析

本书统计结果显示，2015年全国出版科普图书的出版社共有539家，占全国出版社总数的92.3%[①]，其中化学工业出版社出版科普图书最多，有819种。排名前十的出版社还有电子工业出版社、人民邮电出版社、机械工业出版社、金盾出版社、江苏凤凰科学技术出版社、清华大学出版社、北京联合出版有限责任公司、人民军医出版社和中国农业出版社，这些出版社合计出版科普图书3 629种，占同年全国出版科普图书总数的25.8%（图3-4）。

---

① 国家新闻出版广电总局在《2015年全国新闻出版业基本情况》中公布的数据显示，截至2015年底，我国共有出版社584家。

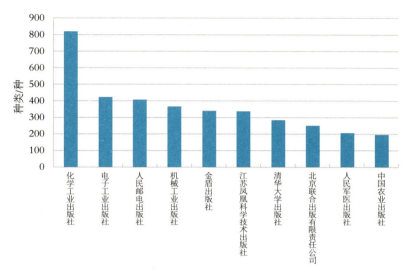

图3-4 出版社出版科普图书数量TOP10

统计中发现，社名中含有"科学技术"的出版社也是出版科普图书的重要力量，本书共统计出该类出版社33家。从出版的科普图书数量来看，该类出版社共出版科普图书2 760种，占同年全国出版科普图书总数的19.6%，其中江苏凤凰科学技术出版社出版科普图书最多，有354种，其次为吉林科学技术出版社、北京科学技术出版社、天津科学技术出版社、黑龙江科学技术出版社、中国农业科学技术出版社、中国科学技术出版社（科学普及出版社）、浙江科学技术出版社、湖北科学技术出版社、安徽科学技术出版社等，以上出版社2015年出版的科普图书数量均在100种以上（图3-5）。

一、出版社与全国出版科普图书学科分布

从2015年出版科普图书数量排名前十位的出版社的出版情况（图3-6）来看，其出版的科普图书也多集中在T类（工业技术）和R类（医药、卫生）。出版T类（工业技术）科普图书最多

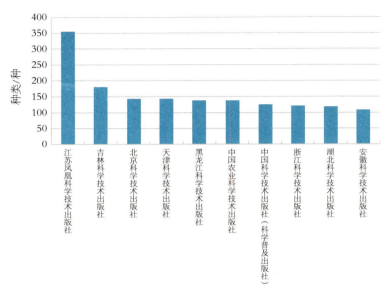

图3-5　名称中含有"科学技术"类出版社出版科普图书TOP10

的是清华大学出版社，共出版212种，其次是电子工业出版社和
人民邮电出版社，出版数量分别为209种和205种。出版R类（医
药、卫生）科普图书最多的是江苏凤凰科学技术出版社，共出版
210种，其次是人民军医出版社和金盾出版社，出版数量分别为
193种和109种。从出版数量集中程度来看，T类（工业技术）科
普图书的出版数量呈现两极分化的趋势，化学工业出版社、电子
工业出版社、人民邮电出版社、机械工业出版社和清华大学出版
社等的出版数量均在200种左右，而金盾出版社、江苏凤凰科学
技术出版社、北京联合出版有限责任公司、人民军医出版社、中
国农业出版社等的出版量却均不足50种；R类（医药、卫生）科
普图书的出版则呈现双峰并立的局面，江苏凤凰科学技术出版社
和人民军医出版社出版的R类（医药、卫生）科普图书数量接近，
且远高于其他出版社；S类（农业科学）科普图书的出版情况与R
类（医药、卫生）基本相同，也呈双峰并立的局面，化学工业出
版社和中国农业出版社的出版量远高于其他出版社。

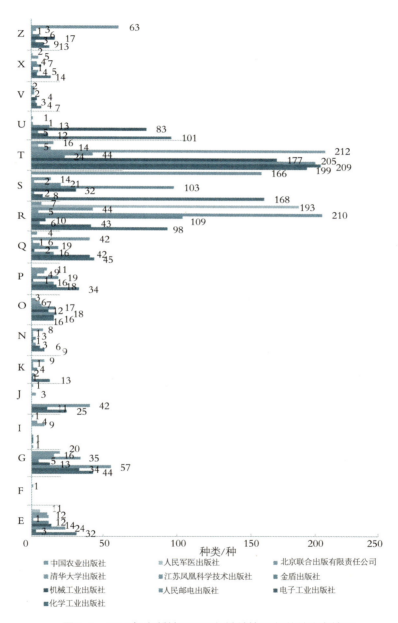

图3-6 2015年出版社TOP10出版科普图书学科分布情况
注：图中数据请详见附录四。

二、出版社与科普图书类型分析

从科普图书类型（图3-7）来看，排名前十位的出版社出版泛科普图书数量最多，有1 638种，约占这十个出版社出版科普图书总量的45.1%，其次为核心科普图书和一般科普图书，分别为1 134种和857种。从各出版社的出版情况来看，化学工业出版社泛科普、核心科普和一般科普图书的出版数量均为最多，分别为396种、225种和198种。

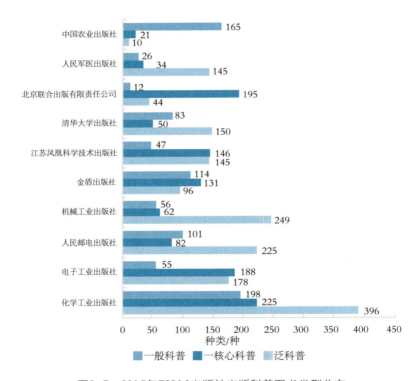

图3-7　2015年TOP10出版社出版科普图书类型分布

三、出版社与译著情况分析

本书统计结果显示，2015年出版科普图书译著的出版社共有261家，出版科普图书译著总数为2 899种，其中人民邮电出版社出版科普图书译著最多，共149种，其次为电子工业出版社和北京科学技术出版社，分别为124种和121种（图3-8）。出版科

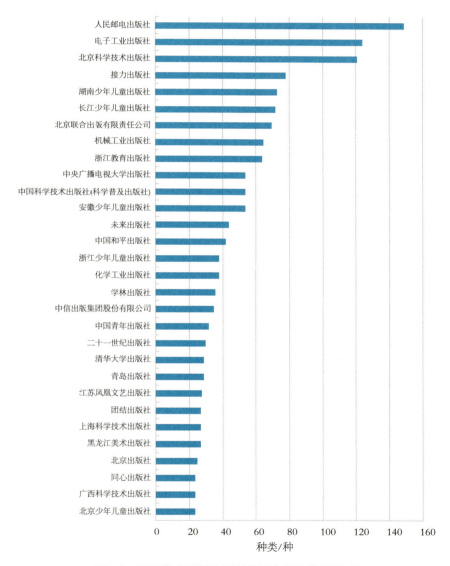

图3-8　2015年出版社出版科普图书译著数量TOP30

普图书数量最多的化学工业出版社出版科普图书译著却不多，仅有38种，排在第16位，人民邮电出版社和电子工业出版社不仅出版科普图书的整体数量较多，出版科普图书译著数量也很多。前文已述，科普图书译著的来源国别多集中在英国、美国、韩国、法国、日本、德国等，而具体到各出版社，则分别有所侧重（图3-9）。从图3-9可以看出，人民邮电出版社出版译自美国的科普图书最多，有65种；中国科学技术出版社（科学普及出版社）则出版译自英国的科普图书最多，有46种；浙江教育出版社出版译自韩国的科普图书最多，有57种。

第三节 作者、译者分析

本书共统计出科普图书作者（含编者）6 875个，科普图书译者1 421个，这些作者和译者中既有个人，也有图书的编委会、编写组，还有一些单位或组织等。

一、作者情况分析

表3-3是2015年出版科普图书中科普图书作者TOP50，TOP50的作者共出版图书1995种，占该年出版科普图书总数的14.2%。从表3-3中可以看出，出版科普图书最多的作者是儒勒·凡尔纳，共有173种；其次是崔钟雷和龚勋，出版的科普图书数量分别为167种和120种。儒勒·凡尔纳是世界著名科幻小说家，影响了几代人，即使在一百多年后的今天，其作品依然深受读者欢迎。

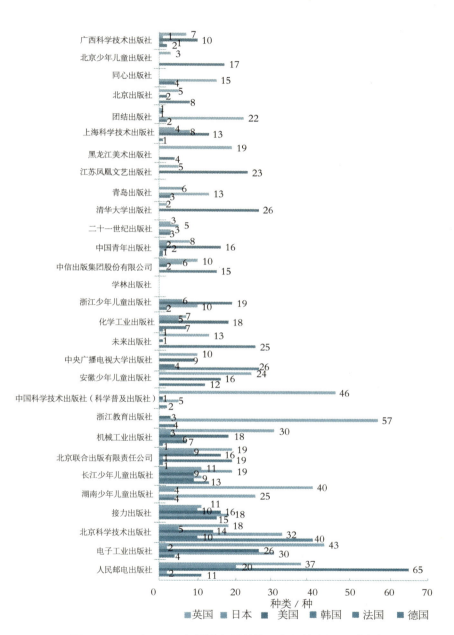

图3-9　2015年TOP30出版社出版科普图书译著来源国别分布
注：图中数据请详见附录四。

表3-3　2015年出版科普图书作者TOP50

单位：种

序号	作者	作品数量	序号	作者	作品数量
1	儒勒·凡尔纳	173	19	丹·格林	33
2	崔钟雷	167	20	文心	31
3	龚勋	120	21	"科学心"系列丛书编委会	29
4	亨利·法布尔	89	22	瑾蔚	28
5	维·比安基	80	23	杨杨	28
6	《指尖上的探索》编委会	70	24	李杰	27
7	齐浩然	70	25	侯海博	26
8	甘智荣	64	26	犀文图书	26
9	纸上魔方	63	27	杨红樱	26
10	保冬妮	50	28	李丹	25
11	李志刚	44	29	李文姬	24
12	阿兰·M.贝热龙	42	30	前沿文化	24
13	《健康大讲堂》编委会	39	31	微缩百科编委会	24
14	台湾牛顿出版公司	37	32	九州书源	23
15	魏红霞	37	33	李波	23
16	冈特·鲍利（Gunter Pauli）	36	34	孙静	23
17	甘肃省农牧厅	35	35	《科普知识读本》编委会	22
18	胡维勤	35	36	艾萨克·阿西莫夫	22

续表

序号	作者	作品数量	序号	作者	作品数量
37	董广民	22	44	火车迷工作室	20
38	潘英丽	21	45	刘光达	20
39	谢英彪	21	46	曾培杰	20
40	《图说经典百科》编委会	20	47	"海洋梦"系列丛书编委会	19
41	《中国家庭养生保健书库》编委会	20	48	FUN视觉	19
42	奥利维亚·布鲁克斯	20	49	刘兴诗	19
43	北京广播电视台数独发展总部	20	50	龙马高新教育	19

1. 作者与出版社

就作者作品在出版社的出版情况而言，大致可分为分布出版和集中出版两种情况。以TOP10作者（图3-10）为例，从图3-10可以看出，儒勒·凡尔纳、龚勋、亨利·法布尔、维·比安基等人的作品在许多出版社都有出版，相对较为分散；而崔钟雷、《指尖上的探索》编委会、齐浩然等人的作品则相对比较集中，崔钟雷的作品主要在黑龙江美术出版社出版（有109种），《指尖上的探索》编委会的作品则集中在化学工业出版社出版（有70种），齐浩然的作品则集中在金盾出版社出版（有70种）。在排名前50的作者中，崔钟雷、冈特·鲍利、杨杨、刘兴诗等的作品都曾在科技部的"全国优秀科普作品"出现过。

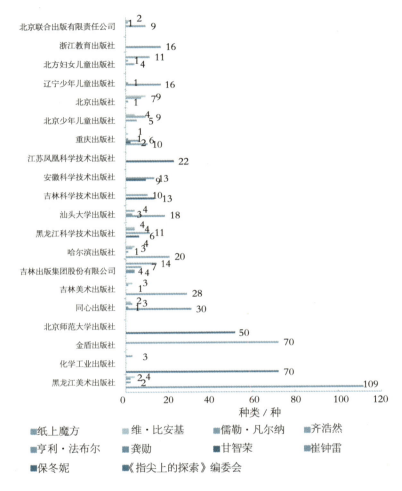

图3-10　2015年出版科普图书作者TOP10与出版社交叉图
注：图中数据请详见附录四。

2. 作者与主题词

　　主题词是一本图书的关键词，是对该图书内容及其所属类别的简洁概括，在中图分类法中往往标注为"论题名称主题—款目要素"。在2015年出版的科普图书中，共统计出主题词2 163个，其中"科学知识"出现频率最高，共有1 201次，约占该年科普图书出版总数的8.5%，其次是"智力游戏"和"科学幻想小说"，出现频率分别为431次和378次。出现频率最多的前50个主题词及其出现频率如表3-4所示。

表3-4　2015年出版科普图书主题词TOP50及其出现频率

单位：次

序号	主题词	出现频率	序号	主题词	出现频率
1	科学知识	1 201	18	妊娠期	118
2	智力游戏	431	19	昆虫学	109
3	科学幻想小说	378	20	地理	107
4	动物	374	21	糖尿病	107
5	恐龙	346	22	养生（中医）	107
6	安全教育	332	23	常识课	105
7	汽车	303	24	表处理软件	100
8	长篇小说	279	25	人体	99
9	婴幼儿	256	26	森林	99
10	数学	237	27	图像处理软件	90
11	自然科学	187	28	学前教育	89
12	植物	172	29	地球	80
13	女性	162	30	故事课	77
14	数字照相机	138	31	海洋	74
15	保健	135	32	物理学	74
16	昆虫	135	33	蔬菜	72
17	宇宙	132	34	武器	70

续表

序号	主题词	出现频率	序号	主题词	出现频率
35	高血压	69	43	花卉	60
36	小儿疾病	68	44	科学实验	59
37	鸟类	67	45	办公自动化	57
38	食物养生	67	46	图形软件	57
39	围产期	66	47	食物疗法	56
40	小学数学课	66	48	男性	55
41	汉语拼音	64	49	图画故事	55
42	老年人	63	50	大学生	53

以TOP10作者为例，将之与主题词交叉对比可以看出同一作者出版的科普图书在内容方面的分布情况（图3-11）。图3-11是2015年TOP10作者出版科普图书的主题词分布情况，从图中可以看出，有些作者出版的科普图书主题词相对集中，如儒勒·凡尔纳的作品集中在"科学幻想小说"、维·比安基的作品集中在"森林"、保冬妮的作品集中在"安全教育"，还有一些作者的作品主题词则相对比较分散，如崔钟雷作品的主题词除有"恐龙"外，还有"科学知识""武器""动物"等，《指尖上的探索》编委会、齐浩然等的作品主题词则更为分散。从图中还可以看出，TOP10作者的作品主题词出现频率最多的是"科学幻想小说"，共186次，其次为"恐龙""昆虫学""森林""科学知识""安全教育""昆虫""武器""动物"等，这与TOP50主题词的出现频率排名情况稍有不同。

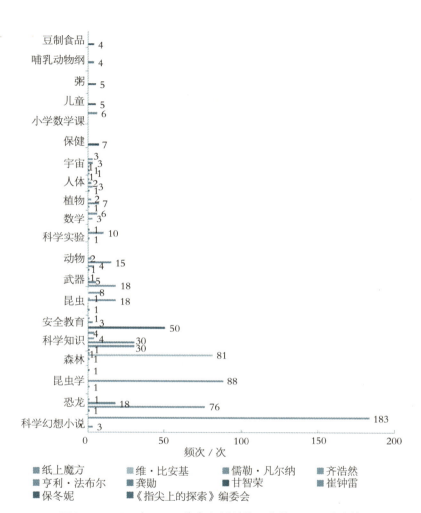

图3-11 2015年TOP10作者出版科普图书的主题词分布情况
注：图中数据请详见附录四。

二、译者分析

本书统计结果显示，2015年共出版2 899种科普图书译著，译者有1 421个，平均每个译者翻译2.04种国外科普图书。译者中出版2种及以上译著的有444个，出版一种译著的有977个。

表3-5是2015年出版的科普图书中国外科普图书的译者TOP50。TOP50的译者共翻译科普图书755种，占该年科普图书译著总量的26.0%。从表3-5中可以看出，翻译科普图书最多的译者是陈筱卿，共翻译国外科普图书51种，其次是乐乐趣工作室和侯晓希，分别为32种和28种。需要注意的是，在陈筱卿翻译的科普图书译著中，原书作者主要是儒勒·凡尔纳和亨利·法布尔两人，其中凡尔纳的作品有41种，法布尔的作品有10种。

表3-5　2015年出版国外科普图书译者TOP50

单位：种

序号	译者	译著数量	序号	译者	译著数量
1	陈筱卿	51	13	海杯子	16
2	乐乐趣工作室	32	14	夏芒	16
3	侯晓希	28	15	丛蕾	15
4	丁凡	23	16	刘畅	15
5	千太阳	22	17	龚勋	14
6	叶李华	22	18	郑高凤	14
7	海豚传媒	20	19	国开童媒（北京）文化传播有限公司	13
8	李明淑	20	20	毛学军	13
9	赵畅	20	21	杨晓乐	13
10	陈潇	19	22	荆妮	12
11	明天编译小组	18	23	张成福	12
12	金熙雯	17	24	张雪	12

续表

序号	译者	译著数量	序号	译者	译著数量
25	王爱	11	38	北京学乐行知教育科学研究院	9
26	王晓芳	11	39	丁虹	9
27	温馨	11	40	何凝一	9
28	巩亚男	10	41	刘景姝	9
29	胡延东	10	42	刘茜	9
30	江凡	10	43	叶红婷	9
31	李茜	10	44	陈超	8
32	牧歌	10	45	高楠	8
33	潘昌礼	10	46	接力出版社	8
34	王馨悦	10	47	李民顺	8
35	雪棣	10	48	李小晨	8
36	阳曦	10	49	秦晓静	8
37	赵曦	10	50	沈丹丹	8

1. 译者与译著来源

前文已述，2015年出版科普图书中的译著来源有33个国家和地区，其中译自英国、美国、法国、韩国、日本等几个国家的最多，共有2 353种（其中英国606种、美国576种、法国493种、韩国398种、日本280种），占2015年科普图书译著总数的81.2%。排名前50的译者所翻译的著作也多来自这些国家。

以排名前15的译者（图3-12）为例，从图中可以看出，除乐乐趣工作室、千太阳、海豚传媒等各翻译两个国家的作品外，其余译者均集中于一个国家的作品进行翻译。从国别上来说，翻译英国和韩国作品的译者比较多，其中翻译英国作品的译者有7个，翻译韩国作品的译者有4个。

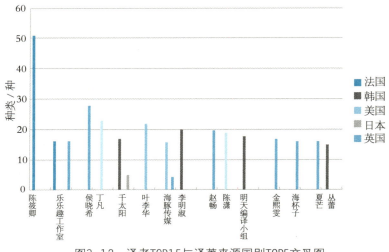

图3-12　译者TOP15与译著来源国别TOP5交叉图

2. 译者与出版社

以译者TOP15（图3-13）为例，译者TOP15共涉及出版社35家，占出版译著出版社总数的13.4%。从图中可以看出，译者陈筱卿、千太阳、海豚传媒等翻译的作品在多个出版社均有出版，而其余译者的作品大多集中在某一个出版社出版。

3. 译者与主题词

仍以译者TOP15为例，译者TOP15共涉及主题词126个，其中出现频次较多的主题词是"科学幻想小说""科学知识""昆虫""智力游戏""动物""数学"等。将译者TOP15与排名前10的主题词交叉对比可以发现（图3-14），个人译者大多仅涉及一个主题，即使涉及其他主题，也属相同或相近学科，如李明淑、叶李华、丁凡等人涉及的主题分别为"昆虫""科学幻想小说"和"动物",陈潇涉及的主题是"动物"和"昆虫"等。机构译者一般涉及多个主题,如千太阳涉及"科学知识""智力游戏""数学"等主题,乐乐趣工作室涉及"科学知识""动物""昆虫""安全教育"等。但也有个别例外,如陈筱卿涉及的"科学幻想小说"和"昆虫"分属于文学和生物科学,作为机构的海豚传媒则只涉及"智力游戏"一个主题。

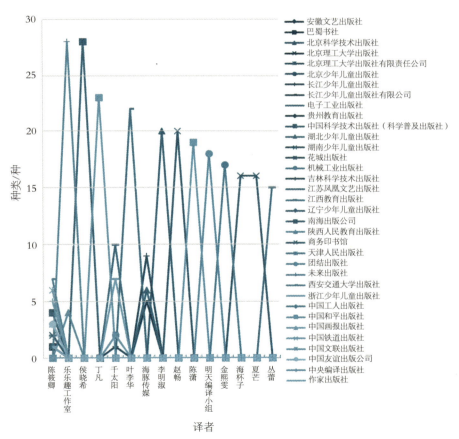

图3-13 译者TOP15与出版社交叉图

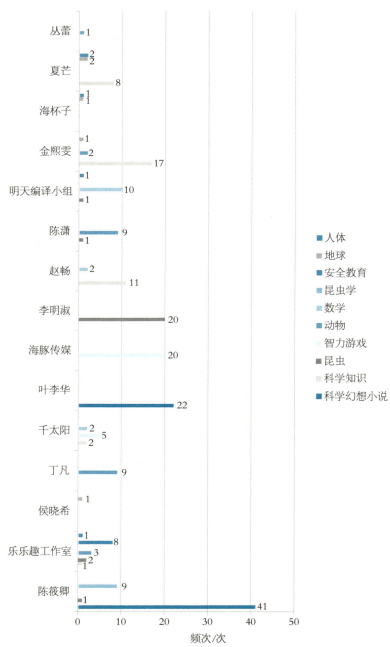

图3-14　译者TOP15与主题词交叉图

注：图中数据请详见附录四。

第四节 小 结

　　综上所述，就2015年的科普图书出版情况来说，北京作为政治、经济、文化中心，其出版的科普图书数量无论是核心科普图书，还是一般科普图书或泛科普图书都远超其他城市的出版量，在原创科普图书和科普图书译著方面的出版情况亦然。就出版社来说，90%以上的出版社都出版有科普图书，且各出版社出版科普图书各有侧重，如化学工业出版社出版的科普图书数量最多，人民邮电出版社出版的科普图书译著最多，北京联合出版有限责任公司出版的核心科普图书比例最大等。从作者来看，作者和译者的整体数量比较多，作者之间的作品数量相差较大，译者的情况也基本类似。

第四章

科普图书销售情况分析

　　本书借助于北京开卷信息技术有限公司的"全国图书零售市场观测系统"①，对从全国图书馆联合编目中心数据库中提取出的2015年出版的科普图书（共14 076种）的销售情况进行统计。统计结果显示，2015年出版科普图书在2015年至2017年6月30日两年半的时间里总销售量达3 862.55万册，其中实体店总销量有1 276.07万册，网店总销量有2 586.48万册，总销售金额达17.97亿元，其中实体店总销售金额为5.29亿元，网店总销售金额为12.68亿元。

　　从科普图书销售量的分段统计来看，销售量在1万册以下的图书最多，共有12 637种，约占北京开卷信息技术有限公司监测到的科普图书总数的95%；其次是销售量在1万～5万册的图书，共有545种，约占北京开卷信息技术有限公司监测到的科普图书总数的4%（图4-1）。从科普图书销售金额的分段统计来看，销售金额在50万元以下的科普图书最多，共有12 727种，约占北京开卷信息技术有限公司监测到的科普图书总数的96%；其次是50万～100万元和100万～500万元的科普图书，分别为269种和257种，均约占北京开卷信息技术有限公司监测到的科普图书总数的2%（图4-2）。从统计结果可以看出，科普图书的整体销售情况并不十分乐观，9成以上科普图书销售量在1万册以下，销售金额在50万元以下。

---

① 本书中"全国图书零售市场观测系统"的数据来源于全国3 115家实体书店和11家网店，实体店覆盖了除西藏和港澳台地区外的全国所有地区较有影响的书店，网店包括京东商城、北京时代蔚蓝信息技术有限公司、中国互动出版网、中国图书网等。

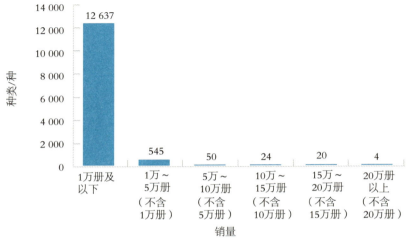

图4-1　2015年出版科普图书销售量分段情况

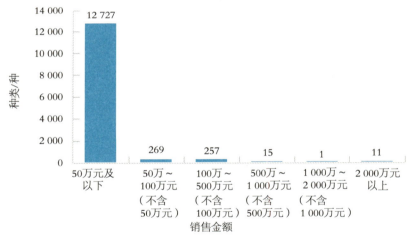

图4-2　2015年出版科普图书销售金额分段情况

第一节　总销售量与总销售金额分析

一、总销售量分析

如图4-3所示，统计期间总体销量最多的图书为《好妈妈不打不骂培养男孩300个细节》（南海出版公司），销售量达37.59万册，其次为《小牛顿的第一套科普绘本》（世界图书出版公司）和《中国儿童百科全书（普及版）》丛书（中国大百科全书出版社），总销售量分别为23.30万册和19.66万册。

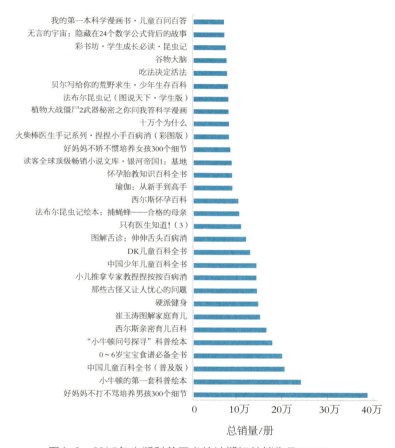

图4-3　2015年出版科普图书统计期间总销售量TOP30

就图书内容分类①（图4-4）来说，统计期间销售量TOP30中"少儿科普百科"类图书最多，有12种，占TOP30总数量的40%，

①本章关于图书内容的分类主要采用的是北京开卷信息技术有限公司的分类方法。

如《小牛顿的第一套科普绘本》《中国儿童百科全书（普及版）》《"小牛顿问号探寻"科普绘本》（长江出版社）等。其次为"孕产育儿"类，有7种，占TOP30总数量的23%，如《西尔斯亲密育儿百科》（南海出版公司）、《崔玉涛图解家庭育儿》（东方出版社）等。

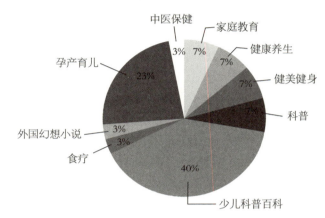

图4-4　2015年出版科普图书统计期间总销售量TOP30图书分类情况

从作者方面来看，艾贝母婴研究中心、崔钟雷和威廉·西尔斯等均有2部作品进入销售量TOP30，艾贝母婴研究中心的作品为《0～6岁宝宝食谱必备全书》（中国人口出版社）、《怀孕胎教知识百科全书》（四川科学技术出版社），崔钟雷的作品为《中国少年儿童百科全书》（黑龙江美术出版社）、《十万个为什么》（黑龙江美术出版社），威廉·西尔斯的作品为《西尔斯亲密育儿百科》《西尔斯怀孕百科》（南海出版公司）；其余作者进入TOP30的作品均是一种（表4-1）。

表4-1　2015年出版科普图书统计期间总销售量TOP30作者及图书数量

单位：种

作者	数量	作者	数量
《图说天下·珍藏版》编委会	1	兰道尔·门罗	1

续表

作者	数量	作者	数量
艾贝母婴研究中心	2	罗大伦	1
艾萨克·阿西莫夫	1	美梓	1
贝尔·格里尔斯	1	齐遇	1
《小牛顿的第一套科普绘本》编写组	1	孙静	1
斌卡	1	威廉·西尔斯	2
陈允斌	1	笑江南	1
崔玉涛	1	英国DK出版公司	1
崔钟雷	2	缘缘	1
达纳·麦肯齐	1	张晓萍	1
戴维·珀尔马特、克里斯廷·洛伯格	1	张羽	1
道奇胜	1	中国大百科全书出版社编委会	1
亨利·法布尔	1	周尔晋	1
静涛、李厚泽	1		

在图书价格方面，畅销的科普图书定价大多集中在20～60元（图4-5）。部分丛书虽然价格偏高，接近或超出百元，但平均单册价格却只有十几元，如《中国儿童百科全书（普及版）》（中国大百科全书出版社），其定价为120元，但却有10册之多，单册价格只有12元。总体来说，销售量较高的科普图书，其价格相对比较适中。

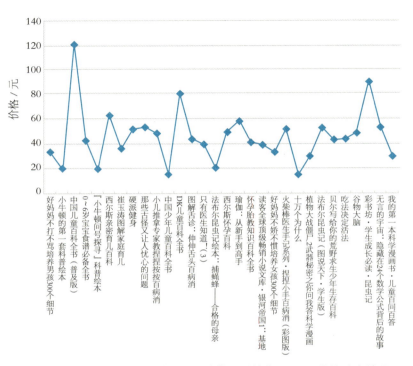

图4-5　2015年出版科普图书统计期间总销售量TOP30价格分布情况

在出版社方面（图4-6），2015年出版科普图书统计期间总销售量TOP30所涉及的出版社共有19家，其中南海出版公司和北京联合出版有限责任公司出版的科普图书进入总销售量TOP30的数量最多，均为4种。南海出版公司进入总销量TOP30的科普图书有《好妈妈不打不骂培养男孩300个细节》《西尔斯亲密育儿百科》《西尔斯怀孕百科》《好妈妈不娇不惯培养女孩300个细节》，北京联合出版有限责任公司进入总销量TOP30的科普图书有《那些古怪又让人忧心的问题》《瑜伽：从新手到高手》《法布尔昆虫记》《无言的宇宙：隐藏在24个数学公式背后的故事》等。

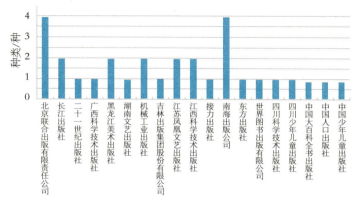

图4-6 2015年出版科普图书统计期间总销售量TOP30涉及出版社情况

统计期间总销售量TOP30的科普图书中国内原创图书有20种，在总销售量TOP30图书中占67%，译著有10种，在总销售量TOP30图书中占33%（图4-7）。译著中译自美国的科普图书最多，有6种，在总销售量TOP30图书中占20%；其次为译自英国的图书，有2种；译自韩国和法国的图书各1种。从销售量上来看，原创图书总销售量为265.66万册，占TOP30总销售量的73.67%，译著的总销售量为94.95万册，占TOP30总销售量的26.33%。此外，TOP30的前10种中有8种为国内原创图书，其中TOP30中的前五种全部为国内原创科普图书。由此可见，就

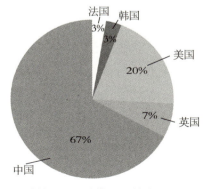

图4-7 2015年出版科普图书统计期间总销售量TOP30图书来源国别情况

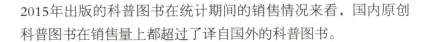

2015年出版的科普图书在统计期间的销售情况来看，国内原创科普图书在销售量上都超过了译自国外的科普图书。

二、总销售金额分析

如图4-8所示，统计期间总销售金额最多的科普图书是《中国儿童百科全书（普及版）》（中国大百科全书出版社），销售金额为2 359.06万元；其次为《好妈妈不打不骂培养男孩300个细节》（南海出版公司）和《DK儿童百科全书》（四川少年儿童出版社），销售金额分别为1 090.18万元和953.25万元。对比总销售量的TOP30（图4-3）和总销售金额的TOP30（图4-8）可以发现，两个榜单中有19种图书重复，只是排名有所变化，如《好妈妈不打不骂培养男孩300个细节》销售量排名第一，销售金额为第二位；《中国儿童百科全书（普及版）》销售量排名第三，销售金额为第一位；《小牛顿的第一套科普绘本》销售量排名第二，销售金额为第二十三位等。其余没有重复的图书，在销售量和销售金额的排名上也相差不大，如销售金额排名第十七位的《这才是最好的数学书》（北京时代华文书局），其销售量排名为第三十五位。这说明，在销售量和销售金额方面进入TOP30的科普图书在内容上很受读者欢迎，在价格方面也相对比较合理。

就图书内容分类（图4-9）来说，与销售量基本相同，统计期间总销售额TOP30的图书中最多的两类仍是"少儿科普百科"和"孕产育儿"两类，分别有9种和6种，分别占总销售额TOP30图书数量的30%和20%。与在总销售量TOP30图书中所占比例相比，"少儿科普百科"和"孕产育儿"两类在总销售金额TOP30图书中所占比例有所下降。

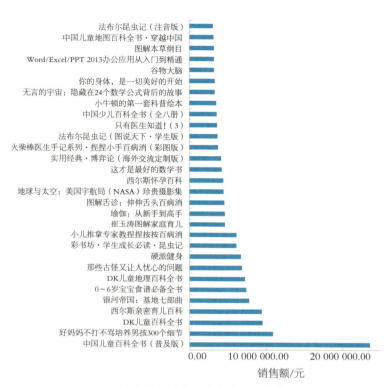

图4-8　2015年出版科普图书统计期间总销售金额TOP30

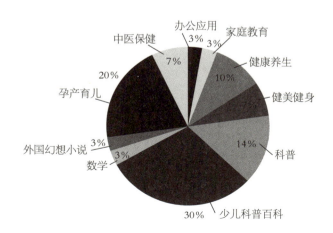

图4-9　2015年出版科普图书统计期间总销售金额TOP30图书分类情况

从作者方面（表4-2）来看，"威廉·西尔斯"和"英国DK出版公司"均有两种作品进入总销售金额TOP30，"威廉·西尔斯"的作品为《西尔斯亲密育儿百科》《西尔斯怀孕百科》，"英国DK出版公司"的作品为《DK儿童百科全书》（四川少年儿童出版社）和《DK儿童地理百科全书》（中国大百科全书出版社）。对比总销售量TOP30的作者（表4-1）和总销售金额TOP30的作者（表4-2）可以发现，国外作者的图书在销售量上比原创图书稍差一些，但在销售金额方面却略占优势。

表4-2　2015年出版科普图书统计期间总销售金额TOP30作者及图书数量

单位：种

作者	数量	作者	数量
《图说天下·珍藏版》编委会	1	刘庆财	1
《中国儿童地图百科全书》编委会	1	罗大伦	1
艾贝母婴研究中心	1	美梓	1
艾萨克·阿西莫夫	1	尼尔马拉·纳塔瑞杰	1
《小牛顿的第一套科普绘本》编写组	1	神龙工作室	1
斌卡	1	笹部贞市郎	1
崔玉涛	1	威廉·西尔斯	2
达纳·麦肯齐	1	英国DK出版公司	2
戴维·珀尔马特、克里斯廷·洛伯格	1	缘缘	1
董广民	1	张晓萍	1
亨利·法布尔	1	张羽	1
高苏珊娜	1	赵妮尔	1
卡梅隆·迪亚茨、桑德拉·巴克	1	中国大百科全书出版社编委会	1
兰道尔·门罗	1	周尔晋	1

就图书价格（图4-10）来说，销售金额TOP30的科普图书价格一般在50元上下浮动，这与销售量TOP30的科普图书的主要价格区间（20～60元）基本吻合。价格较高的图书有些为丛书，如"银河帝国：基地七部曲"（江苏凤凰文艺出版社），有的为图册，如《地球与太空：美国宇航局（NASA）珍贵摄影集》（北京联合出版有限责任公司）等。

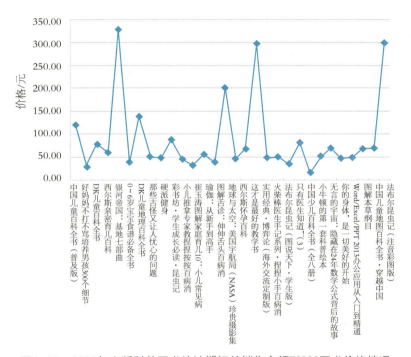

图4-10　2015年出版科普图书统计期间总销售金额TOP30图书价格情况

2015年出版科普图书统计期间总销售金额TOP30所涉及的出版社共有19家（图4-11），其中北京联合出版有限责任公司出版的科普图书进入总销售金额TOP30的数量最多，有6种，分别为《那些古怪又让人忧心的问题》《瑜伽：从新手到高手》《地球与太空：美国宇航局（NASA）珍贵摄影集》《法布尔昆虫记

（图说天下·学生版）》《无言的宇宙：隐藏在24个数学公式背后的故事》《你的身体，是一切美好的开始》等；其次为南海出版公司和中国大百科全书出版社，均为3种。

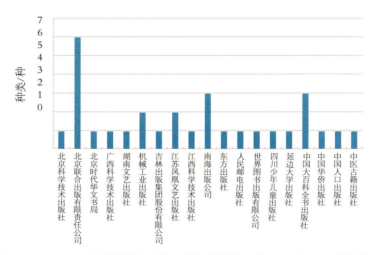

图4-11　2015年出版科普图书统计期间总销售金额TOP30涉及出版社情况

统计期间销售金额TOP30中共有13种译著，其中译自美国的作品最多，有8种，占TOP30的27%，其次为英国，有2种，译自日本、法国、韩国的作品各1种（图4-12）。

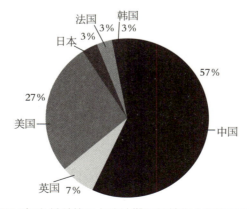

图4-12　2015年出版科普图书统计期间总销售金额TOP30中译著比例

第二节 实体店与网店销售情况分析

一、实体店销售情况分析

统计期间2015年出版的14 076种科普图书在北京开卷信息技术有限公司"全国图书零售市场观测系统"监测下的3 115家实体书店的总销售数量为1 276.07万册，平均每种科普图书的销售量为879.26册，总销售金额为5.29亿元，平均每种科普图书的销售金额为3.64万元。

表4-3是统计期间科普图书在实体店的销售量和销售金额排名情况。如表4-3所示，统计期间实体店总销售数量最多的科普图书是《贝尔写给你的荒野求生少年生存百科》（接力出版社），总销售量为48 714册；其次为《植物大战僵尸2武器秘密之你问我答科学漫画》（中国少年儿童出版社）和《新阅读·十万个为什么》（四川天地出版社），总销售量分别为40 928册和30 155册。总销售金额最多的科普图书是《中国儿童百科全书（超值套装）》（中国大百科全书出版社），总销售金额为2 159 976元，其次为《贝尔写给你的荒野求生少年生存百科》和《新东方大愚英语学习丛书·数学小达人》（浙江教育出版社），销售金额分别为1 929 074元和1 900 650元。从表中可以看出，在销售数量和销售金额方面均进入TOP30的科普图书有14种，其中销售量比较高的《贝尔写给你的荒野求生少年生存百科》《植物大战僵尸2武器秘密之你问我答科学漫画》《读客全球顶级畅销小说文库·银河帝国1：基地》等图书在销售金额的排名上也都相对靠前。

表4-3 2015年出版科普图书统计期间总实体店销售量TOP30和销售金额TOP30

排名	实体店销售量排名		实体店销售金额排名	
	书名	销售量/册	书名	销售金额/元
1	贝尔写给你的荒野求生少年生存百科	48 714	中国儿童百科全书（超值套装）	2 159 976
2	植物大战僵尸2武器秘密之你问我答科学漫画	40 928	贝尔写给你的荒野求生少年生存百科	1 929 074
3	新阅读·十万个为什么	30 155	新东方大愚英语学习丛书·数学小达人	1 900 650
4	读客全球顶级畅销小说文库·银河帝国1：基地	30 121	精致图文·恐龙世界大百科	1 073 792
5	图解时间简史	30 058	读客全球顶级畅销小说文库·银河帝国1：基地	1 054 235
6	我的第一本科学漫画书·儿童百问百答	24 455	你的身体，是一切美好的开始	1 043 596
7	荒野求生科普漫画书1：纳米比亚与巴布亚大冒险	23 866	植物大战僵尸2武器秘密之你问我答科学漫画·地理卷	1 023 200
8	优等生必读文库·世界经典名著主题悦读系列·海底两万里	21 540	精致图文·十万个为什么（注音儿童版）	967 040
9	海底两万里	21 136	图解时间简史	895 728

续表

排名	实体店销售量排名			实体店销售金额排名	
	书名	销售量/册		书名	销售金额/元
10	金苹果童书馆·知识问答	21 128		荒野求生科普漫画书1：纳米比亚与巴布亚大冒险	763 712
11	马小跳发现之旅	20 036		那些古怪又让人忧心的问题	724 889
12	养脾胃就是养命	18 679		养脾胃就是养命	709 802
13	学习改变未来·世界之最	18 552		亚特兰蒂斯：基因战争	708 918
14	巧厨娘（第3季）·健康宝宝餐：0～3岁宝宝饮食优选方案	18 544		精致图文·中国儿童百科全书	707 456
15	给教师的健康枕边书	18 424		精致图文·动物世界大百科	688 000
16	亚特兰蒂斯：基因战争	17 812		吃法决定活法	665 253
17	世界文学名著宝库·海底两万里（青少版）	16 984		世界恐龙大百科	664 832
18	吃法决定活法	16 673		精致图文·武器酷车大百科	663 040
19	养心：养心是养生的最高境界	16 358		养心：养心是养生的最高境界	652 684
20	新阅读·中国少年儿童百科全书	16 044		精致图文·中国少年儿童百科全书	649 344

续表

排名	实体店销售量排名		实体店销售金额排名	
	书名	销售量/册	书名	销售金额/元
21	学习改变未来·世界地理百科	15 870	中国少年儿童百科全书（共4册）	642 096
22	你的身体，是一切美好的开始	15 347	精致图文·十万个为什么（青少版）	640 128
23	经典名著轻松读·昆虫记	15 047	海底两万里	634 080
24	学习改变未来·中国地理百科	14 569	精致图文·昆虫记	618 240
25	那些古怪又让人忧心的问题	14 556	我的第一本科学漫画书·儿童百问百答	611 375
26	图解舌诊：伸伸舌头百病消	13 692	精致图文·世界未解之谜	607 360
27	学习改变未来·植物百科	13 372	不列颠少儿百科全书（套装共4册）	599 576
28	凤凰生活·教你活到100岁	13 181	新阅读·十万个为什么	597 069
29	学习改变未来·昆虫百科	13 000	西尔斯亲密育儿百科	589 807
30	新东方大愚英语学习丛书·数学小达人	12 671	星际穿越	570 528

　　就图书的内容（图4-13、图4-14）而言，无论是在销售量TOP30还是销售金额TOP30中，"少儿科普百科"方面的图书都是最多的。销售量TOP30中"少儿科普百科"类图书有15种，占销售量TOP30的50%；而销售金额TOP30中"少儿科普百科"类图书有19种，占销售金额TOP30的64%。较为明显的是，在实体店的销售中，外国幻想小说较为畅销，如有5种科幻小说作品进入销售量TOP30，进入销售金额TOP30的也有3种。此外，经典科普作品仍然很受欢迎，如儒勒·凡尔纳的《海底两万里》有三个版本进入销售量TOP30中，即《世界文学名著宝库·海

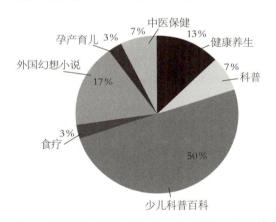

图4-13　2015年出版科普图书统计期间总实体店销售量TOP30内容分类情况

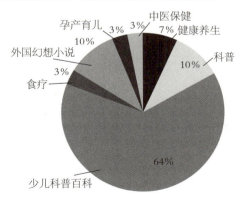

图4-14　2015年出版科普图书统计期间总实体店销售金额TOP30内容分类情况

底两万里（青少版）》（长江少年儿童出版社）、《优等生必读文库·世界经典名著主题悦读系列·海底两万里》（接力出版社）和《海底两万里》（中国画报出版社）。

就图书作者（表4-4）来说，魏红霞的作品进入销售量TOP30的最多，有5种，即《学习改变未来世界之最》《学习改变未来世界地理百科》《学习改变未来中国地理百科》《学习改变未来植物百科》《学习改变未来昆虫百科》（这几种图书是魏红霞主编的"学习改变未来"系列科普图书的一部分，由北京教育出版社出版），其次是儒勒·凡尔纳和文心。儒勒·凡尔纳的作品是《海底两万里》的三个不同版本，文心的作品是《新阅读·十万个为什么》和《新阅读·中国儿童百科全书》（这两种是文心主编的"新阅读"系列图书中的两种，由四川天地出版社出版）。在进入销售金额TOP30的图书中文心主编的作品多达10种，其中1种是前面提到的"新阅读"系列中的《新阅读·十万个为什么》（四川天地出版社），另外9种均属其主编的"精致图文"系列图书，包括《精致图文·恐龙世界大百科》《精致图文·十万个为什么（注音儿童版）》《精致图文·中国儿童百科全书》《精致图文·动物世界大百科》《精致图文·武器酷车大百科》《精致图文·中国少年儿童百科全书》《精致图文·十万个为什么（青少版）》《精致图文·昆虫记》《精致图文·世界未解之谜》（该系列图书由华夏出版社出版）。

表4-4　实体店销售量TOP30和销售金额TOP30作者及图书数量

单位：种

销售量TOP30		销售金额TOP30	
作者	数量	作者	数量
A.G.里德尔	1	《中国儿童百科全书》编委会	1
SBS金炳万的丛林法则制作团队、柳大永、異正泰	1	A.G.里德尔	1

续表

销售量TOP30		销售金额TOP30	
作者	数量	作者	数量
艾萨克·阿西莫夫	1	SBS金炳万的丛林法则制作团队、柳大永、巽正泰	1
贝尔·格里尔斯	1	艾萨克·阿西莫夫	1
陈允斌	1	贝尔·格里尔斯	1
楚丽萍	1	陈允斌	1
道奇胜	1	楚丽萍	1
董峰	1	道奇胜	1
法布尔、曾德伟	1	董峰	1
卡梅隆·迪亚茨、桑德拉·巴克	1	董枝明	1
兰道尔·门罗	1	基普·索恩	1
李善英	1	卡梅隆·迪亚茨、桑德拉·巴克	1
刘建	1	兰道尔·门罗	1
罗大伦	1	李善英	1
儒勒·凡尔纳	3	刘青文	1
魏红霞	5	儒勒·凡尔纳	1
文心	2	上海淘乐思文化传播有限公司	1
笑江南	1	威廉·西尔斯、玛莎·西尔斯、罗伯特·西尔斯、詹姆斯·西尔斯	1
杨红樱、央美阳光	1	文心	10
杨力	1	笑江南	1
禹田	1	翟煦	1
圆猪猪	1		
翟煦	1		

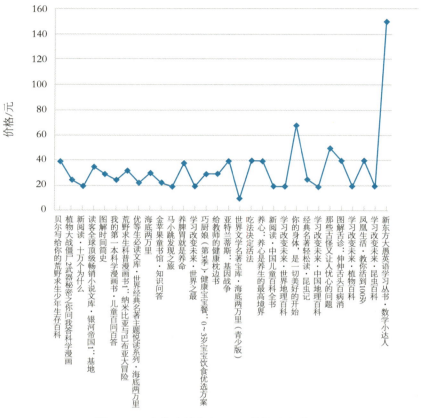

图4-15　实体店销售量TOP30价格分布情况

从价格上看，销售量TOP30的科普图书价格分布比较集中，主要在20～40元（图4-15），而销售金额TOP30的科普图书价格分布则相对分散，主要集中在0～50元和100～150元两个价格区间（图4-16）。对比图4-15和图4-16可以看出，在销售量上排名较高的一部分科普图书在销售金额中排名也相对较高，如《贝尔写给你的荒野求生少年生存百科》《植物大战僵尸2武器秘密之你问我答科学漫画》《读客全球顶级畅销小说文库·银河帝国1：基地》等，这一趋势与表4-3所反映的情况相同。

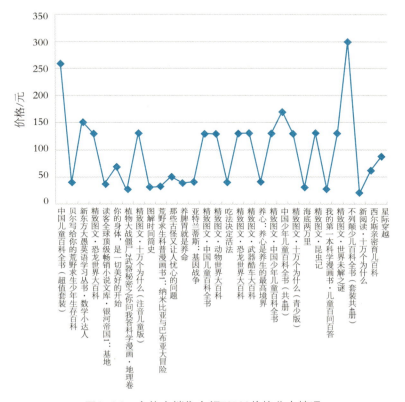

图4-16 实体店销售金额TOP30价格分布情况

从出版社方面来看，销售量TOP30中的科普图书共涉及18家出版社（图4-17），其中北京教育出版社进入销售量TOP30的作品最多，共有5种，即魏红霞主编的"学习改变未来"系列科普图书。长江少年儿童出版社和江西科学技术出版社进入销售量TOP30的作品分别有3种，北京联合出版有限责任公司、江苏凤凰科学技术出版社、接力出版社、四川天地出版社等各有2种作品进入销售量TOP30。销售金额TOP30中的科普图书共涉及20家出版社（图4-18），其中华夏出版社进入销售金额TOP30的作品最多，共有9种，即文心主编的"精致图文"系列科普图书；其次为江西科学技术出版社，共有2种图书进入销售金额TOP30。

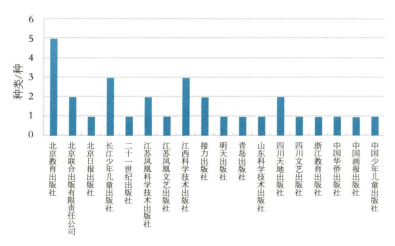

图4-17　实体店销售量TOP30涉及出版社情况

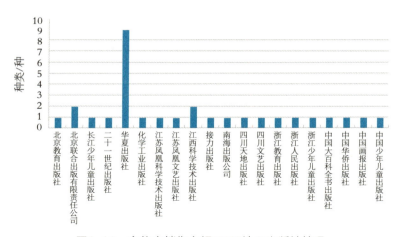

图4-18　实体店销售金额TOP30涉及出版社情况

就译者数量来说，实体店销售量TOP30中的译著数量为12种，占TOP30科普图书总数的40%（图4-19），其中译自法国、美国的图书各4种，译自韩国的图书有3种，译自英国的有1种。实体店销售金额TOP30中的译著数量有11种，占TOP30科普图书总数的36%（图4-20），其中译自美国的图书最多，有6种，译自韩国的次之，有3种，译自法国和英国的各1种。

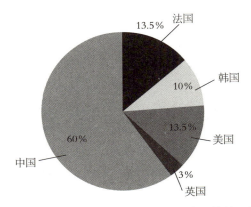

图4-19 实体店销售量TOP30科普图书中译著数量情况

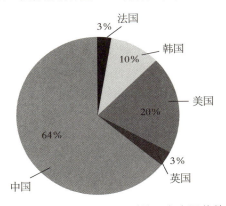

图4-20 实体店销售金额TOP30科普图书中译著数量情况

二、网店销售情况分析

统计期间2015年出版的14 076种科普图书在北京开卷信息技术有限公司"全国图书零售市场观测系统"监测下的11家网店的总销售数量为2 586.48万册,平均每种科普图书的销售量为1 782.18册,总销售金额为12.68亿元,平均每种科普图书的销售金额为8.74万元。从图4-21中可以看出,在北京开卷信息技术有限公司的统计系统中,2015年出版科普图书的网店销售无论在数量上还是金额上都是实体店销售的2倍多(不包括当当网和亚马逊这两家大型网店的销量）。这说明网店已经成为科普图书的最大流通渠道。

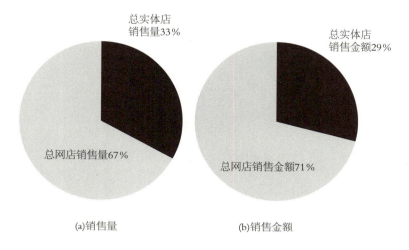

(a)销售量　　　　　　　　　(b)销售金额

图4-21　2015年出版科普图书统计期间实体店与网店销售情况比例图

从销售排名情况（表4-5）来看，2015年出版科普图书统计期间网店销售量最多的图书是《好妈妈不打不骂培养男孩300个细节》（南海出版公司），销售量为373 872册；其次为《小牛顿的第一套科普绘本》（世界图书出版公司）和《中国儿童百科全书》（中国大百科全书出版社），销售量分别为232 438册和196 091册。网店销售金额最多的图书是《中国儿童百科全书》（中国大百科全书出版社），销售金额为23 530 920元；其次是《好妈妈不打不骂培养男孩300个细节》（南海出版公司）和《DK儿童百科全书》（四川少年儿童出版社），销售金额分别为10 842 288元和9 529 104元。从表中也可以看出，销售量TOP30中的22项都进入了销售金额TOP30，其中销售量TOP15进入销售金额TOP30的有12种。2015年出版科普图书实体店销售排行榜销售量第一名是48 714册，销售金额第一名是2 159 976元（表4-3），比较而言，网店的销售量第一名是实体店销售量第一名的7倍多，而销售金额的第一名则是实体店销售金额第一名的10倍以上。

表4-5 2015年出版科普图书统计期间网店销售量TOP30和销售金额TOP30

排名	网店销售量排名		网店销售金额排名	
	书名	销售量/册	书名	销售金额/元
1	好妈妈不打不骂培养男孩300个细节	373 872	中国儿童百科全书	23 530 920
2	小牛顿的第一套科普绘本	232 438	好妈妈不打不骂培养男孩300个细节	10 842 288
3	中国儿童百科全书	196 091	DK儿童百科全书	9 529 104
4	0～6岁宝宝食谱必备全书	188 530	西尔斯亲密育儿百科	8 844 719
5	"小牛顿问号探寻"科普绘本	169 661	银河帝国：基地七部曲	7 374 424
6	西尔斯亲密育儿百科	147 905	0～6岁宝宝食谱必备全书	7 314 964
7	中国少年儿童百科全书	135 821	DK儿童地理百科全书	6 755 100
8	崔玉涛图解家庭育儿10：小儿常见病	135 300	硬派健身	6 264 432
9	小儿推拿专家教捏捏按按百病消	131 916	那些古怪又让人忧心的问题	6 104 185
10	硬派健身	130 509	彩书坊·学生成长必读·昆虫记	6 061 264
11	那些古怪又让人忧心的问题	122 574	小儿推拿专家教捏捏按按百病消	5 936 220
12	DK儿童百科全书	122 168	影响孩子一生的世界名著	4 624 384
13	图解舌诊：伸伸舌头百病消	100 053	瑜伽：从新手到高手	4 605 370
14	法布尔昆虫记绘本：捕蝇蜂——合格的母亲	99 273	地球与太空：美国宇航局（NASA）珍贵摄影集	4 331 633

续表

排名	网店销售量排名		网店销售金额排名	
	书名	销售量/册	书名	销售金额/元
15	只有医生知道！（3）	92 194	崔玉涛图解家庭育儿10：小儿常见病	4 329 600
16	西尔斯怀孕百科	87 163	实用经典·博弈论（海外交流定制版）	4 100 488
17	瑜伽：从新手到高手	83 734	这才是最好的数学书	4 055 520
18	怀孕胎教知识百科全书	81 681	图解舌诊：伸伸舌头百病消	3 992 115
19	好妈妈不娇不惯培养女孩300个细节	77 794	西尔斯怀孕百科（2015版）	3 992 065
20	十万个为什么	76 269	法布尔昆虫记（图说天下·学生版）	3 667 895
21	法布尔昆虫记（图说天下·学生版）	74 855	中国少儿百科全书	3 559 280
22	火柴棒医生手记系列·捏捏小手百病消	72 550	小牛顿的第一套科普绘本	3 486 570
23	彩书坊·学生成长必读·昆虫记	68 878	火柴棒医生手记系列·捏捏小手百病消	3 482 400
24	谷物大脑	66 046	只有医生知道！（3）	3 226 790
25	Word/Excel/PPT 2013办公应用从入门到精通	61 127	图解本草纲目	3 180 904
26	这才是最好的数学书	59 640	怀孕胎教知识百科全书	3 005 861
27	坐月子与新生儿护理全书	57 654	Word/Excel/PPT 2013办公应用从入门到精通	2 995 223
28	无言的宇宙：隐藏在24个数学公式背后的故事	57 406	谷物大脑	2 972 070

排名	网店销售量排名		网店销售金额排名	
	书名	销售量/册	书名	销售金额/元
29	和金牌月嫂学做月子餐	57 317	彩书坊·世界酷车大百科	2 910 160
30	吃法决定活法	56 231	无言的宇宙：隐藏在24个数学公式背后的故事	2 858 819

从图书内容来看，网店销售量TOP30中最多的是"少儿科普百科"类和"孕产育儿"类，两者均有9种图书，分别占TOP30科普图书总数的30%（图4-22）。网店销售金额TOP30中最多的仍是"少儿科普百科"和"孕产育儿"类，分别为8种和7种，分别占TOP30科普图书总数的27%和23%（图4-23）。与实体店的销售情况相比（参见图4-13和图4-14），网店销售的科普图书进入销售量或销售金额TOP30的"少儿科普百科"类图书所有减少，进入TOP30的"孕产育儿"方面的图书数量有所增加。

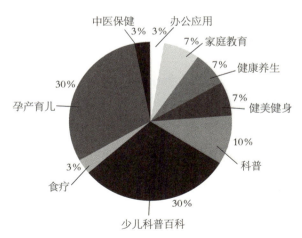

图4-22　网店销售量TOP30中图书内容分类情况

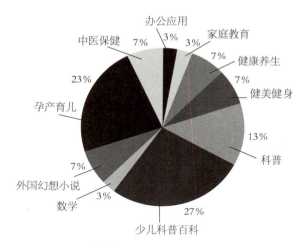

图4-23 网店销售金额TOP30中图书内容分类情况

从图书作者（表4-6）来看，作品进入网店销量TOP30的作者中，艾贝母婴研究中心的作品最多，有3种；其次为崔钟雷、威廉·西尔斯，两者各有2种作品进入销售量TOP30；其余作者均是有1种作品进入TOP30。作品进入网店销售金额TOP30的作者中，《图说天下·珍藏版》编委会、艾贝母婴研究中心、威廉·西尔斯、英国DK出版公司等均有2种作品进入TOP30，其余作者均有1种作品进入TOP30。

表4-6 网店销售量TOP30与销售金额TOP30涉及作者及作品数量情况

单位：种

网店销售量TOP30		网店销售金额TOP30	
作者	数量	作者	数量
《图说天下·珍藏版》编委会	1	《图说天下·珍藏版》编委会	2
艾贝母婴研究中心	3	艾贝母婴研究中心	2
《小牛顿的第一套科普绘本》编写组	1	艾萨克·阿西莫	1
斌卡	1	《小牛顿的第一套科普绘本》编写组	1

续表

网店销售量TOP30		网店销售金额TOP30	
作者	数量	作者	数量
陈允斌	1	斌卡	1
崔玉涛	1	崔玉涛	1
崔钟雷	2	达纳·麦肯齐	1
达纳·麦肯齐	1	戴维·珀尔马特、克里斯廷·洛伯格	1
戴维·珀尔马特、克里斯廷·洛伯格	1	董广民	1
亨利·法布尔	1	法布尔	1
静涛、李厚泽	1	兰道尔·门罗	1
兰道尔·门罗	1	李金龙	1
罗大伦	1	刘庆财	1
美梓	1	罗大伦	1
齐遇	1	美梓	1
神龙工作室	1	尼尔马拉·纳塔瑞杰	1
笹部贞市郎	1	神龙工作室	1
孙静	1	笹部贞市郎	1
威廉·西尔斯	2	威廉·西尔斯	2
英国DK出版公司	1	英国DK出版公司	2
缘缘	1	缘缘	1
张晓萍	1	张晓萍	1
张羽	1	张羽	1
中国大百科全书出版社编委会	1	赵妮尔	1
周尔晋	1	中国大百科全书出版社编委会	1
周英	1	周尔晋	1

从价格分布（图4-24、图4-25）来看，网店销售量TOP30的图书价格主要集中于20～60元，网店销售金额TOP30的图书价格主要集中在50元上下，两者的价格分布基本相同。这与销售量TOP30与销售金额TOP30之间有22种图书重复有较大关系。

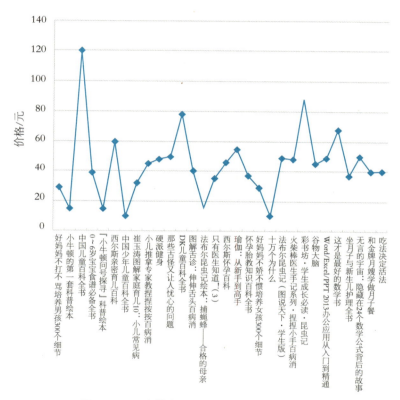

图4-24　网店销售量TOP30图书价格分布情况

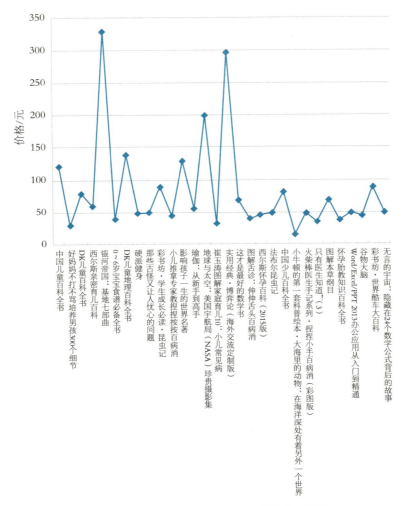

图4-25 网店销售金额TOP30图书价格分布情况

从出版社（图4-26、图4-27）来看，网店销售量TOP30和网店销售金额TOP30均涉及19家出版单位。从图中可以看出，北京联合出版有限责任公司进入网店销售量TOP30和网店销售金额TOP30的科普图书均为最多，分别为4种和5种；其次为南海出版公司，其进入网店销售量TOP30和网店销售金额TOP30

的科普图书分别为4种和3种；吉林出版集团股份有限公司也有3种图书进入网店销售金额TOP30。

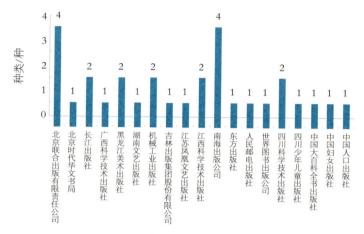

图4-26　网店销售量TOP30涉及出版社情况

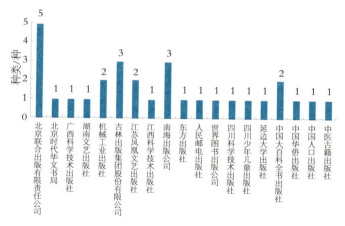

图4-27　网店销售金额TOP30涉及出版社情况

从译著情况（图4-28、图4-29）来看，网店销售量TOP30中共有译著8种，其中译自美国的科普图书数量最多，有5种，占TOP30科普图书总数的17%，其他译自法国、日本和英国的各

1种；网店销售金额TOP30中共有译著11种，同样是译自美国的科普图书数量最多，有7种，占TOP30科普图书总数的23%，其余译自英国的2种，译自法国和日本的各1种。从图中可以看出，无论是网店销售量TOP30还是网店销售金额TOP30，原创科普图书所占比例都比较高，这和实体店销售量和销售金额TOP30中的情况基本相同。

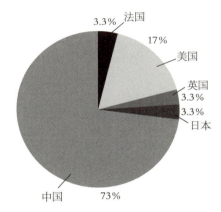

图4-28 网店销售量TOP30中译著所占比例

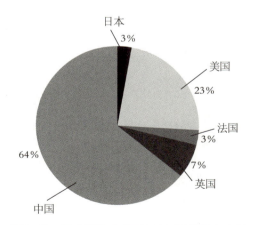

图4-29 网店销售金额TOP30中译著所占比例

第三节 原创科普图书与科普图书译著销售情况分析

前文已述，2015年出版科普图书中原创图书是11 177种，译自国外的有2 899种，其中北京开卷信息技术有限公司"全国图书零售市场观测系统"监测到的原创图书为10 385种，监测到的译著有2 895种。

一、原创科普图书销售情况分析

统计结果（图4-30）显示，2015年出版原创科普图书统计期间的总销售量为2 812.82万册，其中总实体店销售量为935.87万册，占原创图书总销售量的33%，总网店销售量为1 876.95万册，占原创图书总销售量的67%；总销售金额为11.37亿元，其中总实体店销售金额为3.29亿元，占原创科普图书总销售金额的29%，总网店销售金额为8.08亿元，占原创科普图书总销售金额的71%。

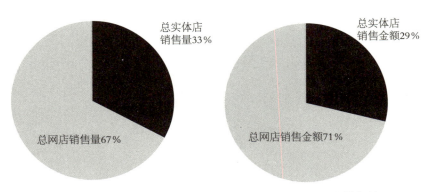

图4-30 原创图书总销售量和总销售金额的实体店与网店销售情况

从销售排名（图4-31、图4-32）来看，原创科普图书中销售量最多的是《好妈妈不打不骂培养男孩300个细节》（南海出版公司），销售量为37.59万册；其次为《小牛顿的第一套科普绘本》（世界图书出版公司）和《中国儿童百科全书（普及版）》（中国大百科全书出版社），销售量分别为23.30万册和19.66万册。原创科普图书销售金额最多的是《中国儿童百科全书（普及版）》，销售金额为2 359.06万元；其次是《好妈妈不打不骂培养男孩300个细节》和《0～6岁宝宝食谱必备全书》（中国人口出版社），销售金额分别为1 090.18万元和744.29万元。可以看出，《中国儿童百科全书（普及版）》和《好妈妈不打不骂培养男孩300个细节》在销售数量和销售金额上的排名均在前三名之内。

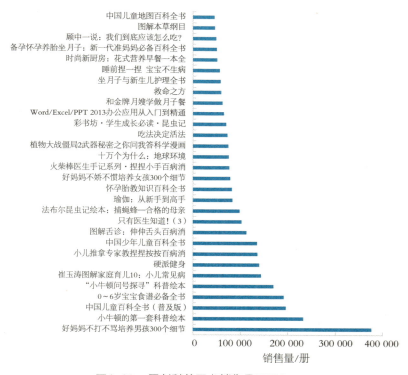

图4-31　原创科普图书销售量TOP30

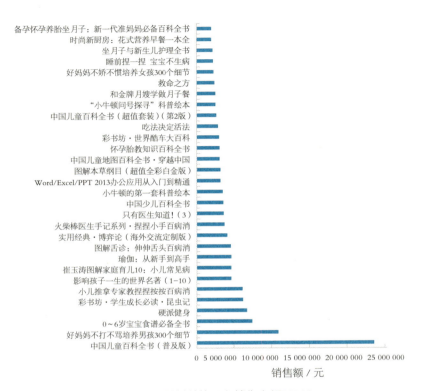

图4-32　原创科普图书销售金额TOP30

就图书内容（图4-33、图4-34）来说，原创科普图书销售量TOP30和销售金额TOP30中"少儿科普百科"类和"孕产育儿"类图书都是较多的。原创科普图书销售量TOP30中涉及"办公应用""家庭教育""健康养生""健美健身""少儿科普百科""食疗""孕产育儿""中医保健"等8类，其中"少儿科普百科"类和"孕产育儿"类各有9种图书。原创图书销售金额TOP30则比销售量TOP30多出"少儿文学名著"（科学幻想小说）和"数学"两类，"少儿科普百科"类图书则是8种，比"孕产育儿"类科普图书少了1种。

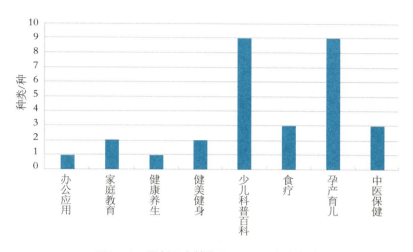

图4-33　原创图书销售量TOP30图书内容情况

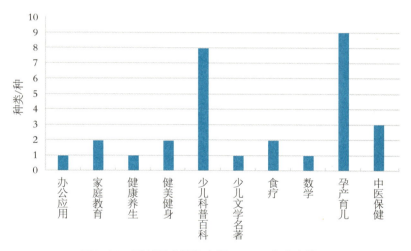

图4-34　原创图书销售金额TOP30图书内容情况

就图书作者而言，如表4-7所示，进入原创科普图书销售量TOP30的作者和销售金额TOP30的作者大致相同，只有排名情况略有不同，如《图说天下·珍藏版》编委会有1种图书进入销售量TOP30，有2种图书进入销售金额TOP30；崔钟雷有2种图进入销售量TOP30，却没有作品进入销售金额TOP30等。

表4-7 原创科普图书销售量TOP30及销售金额TOP30中图书作者对比情况

单位：种

原创科普图书销售量TOP30		原创科普图书销售金额TOP30	
作者	数量	作者	数量
《图说天下·珍藏版》编委会	1	《图说天下·珍藏版》编委会	2
《中国儿童地图百科全书》编委会	1	《中国儿童百科全书》编委会	1
艾贝母婴研究中心	3	《中国儿童地图百科全书》编委会	1
斌卡	1	艾贝母婴研究中心	3
陈允斌	1	《小牛顿的第一套科普绘本》编写组	1
崔玉涛	1	斌卡	1
崔钟雷	2	陈允斌	1
董广民	1	崔玉涛	1
顾中一	1	董广民	1
静涛、李厚泽	1	静涛、李厚泽	1
廖品东、熊茜	1	李金龙	1
罗大伦	2	廖品东、熊茜	1
美梓	1	刘庆财	1
齐遇	1	罗大伦	2
神龙工作室	1	美梓	1
双福	1	神龙工作室	1
孙静	1	双福	1
《小牛顿的第一套科普绘本》编写组	1	孙静	1
笑江南	1	缘缘	1
缘缘	1	翟桂荣	1
翟桂荣	1	赵妮尔	1
张晓萍	1	张晓萍	1
张羽	1	张羽	1

续表

原创科普图书销售量TOP30		原创科普图书销售金额TOP30	
作者	数量	作者	数量
中国大百科全书出版社编委会	1	中国大百科全书出版社编委会	1
周尔晋	1	周尔晋	1
周英	1	周英	1

就图书价格（图4-35、图4-36）而言，原创科普图书销售量TOP30的价格一般在20～60元，最高价格不超过120元。原创科普图书销售金额TOP30中虽然有不少图书价格超过百元，甚至有个别图书价格接近300元，但大部分图书价格还是在50元上下，与销售量TOP30的价格分布基本相同。

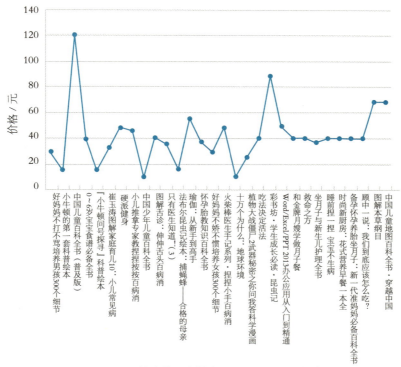

图4-35 原创科普图书销售量TOP30价格分布情况

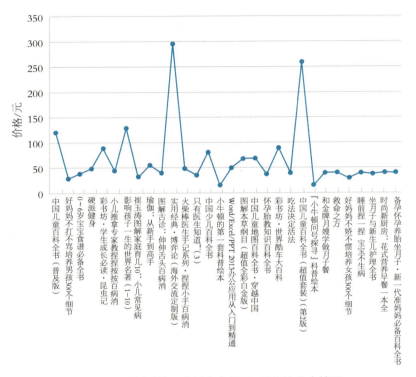

图4-36 原创科普图书销售金额TOP30价格分布情况

就出版单位（图4-37、图4-38）来说，原创科普图书销售量TOP30共涉及22家出版单位，其中江西科学技术出版社共有3种图书进入TOP30。原创科普图书销售金额TOP30共涉及21家出版单位，其中江西科学技术出版社、吉林出版集团股份有限公司、中国大百科全书出版社均有3种图书进入TOP30。江西科学技术出版社出版的《图解舌诊：伸伸舌头百病消》《吃法决定活法》《救命之方》无论是销售量还是销售金额，都在TOP30之列。

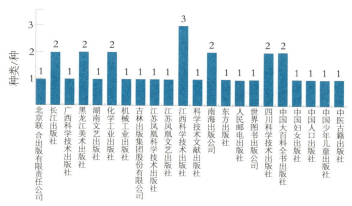

图4-37 原创科普图书销售量TOP30出版社情况

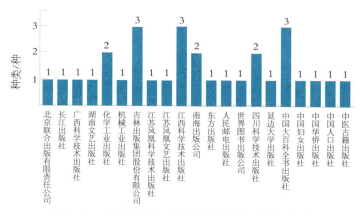

图4-38 原创科普图书销售金额TOP30出版社情况

二、科普图书译著销售情况分析

统计结果（图4-39）显示，2015年出版科普图书译著统计期间的总销售量为1 049.73万册，其中总实体店销售量为340.20万册，占科普图书译著总销售量的32%；总网店销售量为709.53万册，占科普图书译著总销售量的68%；总销售金额为6.6亿元，其中总实体店销售金额为2.0亿元，占科普图书译著总销售金额的30%；总网店销售金额为4.6亿元，占科普图书译著总销售金额的70%。

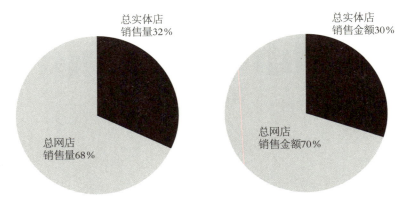

图4-39 科普图书译著实体店与网店销售情况对比

如图4-40所示，科普图书译著的总销售量占统计期间科普图书总销售量的27%，总销售金额占统计期间科普图书总销售金额的37%。从总量上来看，科普图书译著在销售量和销售金额方面均不及原创科普图书。如表4-8所示，原创科普图书每种书的平均销售量为2 720.33册，平均销售金额为11万元，科普图书译著每种图书的平均销售量为3 626册，平均销售金额为22.8万元。可以看出，从单种图书来说，科普图书译著还是领先于原创科普图书。

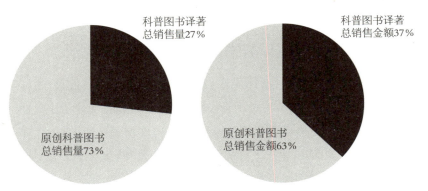

图4-40 原创科普图书与科普图书译著销售量与销售金额对比图

表4-8 原创科普图书与科普图书译著平均销售量及销售金额对比表

项目	平均销售量/册	平均销售金额/万元
原创科普图书	2 720.33	11
科普图书译著	3 626	22.8

就销售排名（图4-41、图4-42）来看，科普图书译著销售量最多的是《西尔斯亲密育儿百科》（南海出版公司），销售量为15.78万册，不足原创科普图书销售量第一名（《好妈妈不打不骂培养男孩300个细节》，销售量为37.59万册）的一半；其次为《那些古怪又让人忧心的问题》（北京联合出版公司）和《DK儿童百科全书》（四川少年儿童出版社），销售量分别为13.71万册和12.22万册，也没有原创科普图书销售量第二、第三名（分别为23.30万册和19.66万册）的销售量多。科普图书译著销售金额最多的是《DK儿童百科全书》（四川少年儿童出版社），销售金额为953.25万元，也不及原创科普图书销售金额第一名（《中国儿童百科全书》，销售金额为2 359.06万元）的一半；其次为《西尔斯亲密育儿百科》（南海出版公司）和《银河帝国：基地七部曲》（江苏凤凰文艺出版社），销售金额分别为943.45万元和778.54万元，第二名不及原创科普图书，第三名比原创科普图书稍高一些。可以看出，从单册图书的销售排名看，一些原创科普图已经远超科普图书译著。从销售量TOP30和销售金额TOP30的平均销售情况来看，科普图书译著销售量TOP30的平均销售量为6.03万册，而原创科普图书销售量TOP30的平均销售量为10.68万册；科普图书译著销售金额TOP30的平均销售金额为365.33万元，原创科普图书销售金额TOP30的平均销售金额为456.99万元。可见，进入销售量TOP30和销售金额TOP30的原创科普图书整体要优于科普图书译著。

就作者（表4-9）而言，科普图书译著销售量TOP30中威廉·西尔斯的作品最多，有3种；其次是儒勒·凡尔纳和英国DK出版公司，各有2种。科普图书译著销售金额TOP30中艾萨克·阿西莫夫、威廉·西尔斯和英国DK出版公司的作品最多，均各有3种进入TOP30。在科普图书译著销售量TOP30和销售金额TOP30中，共有17个作者重复。

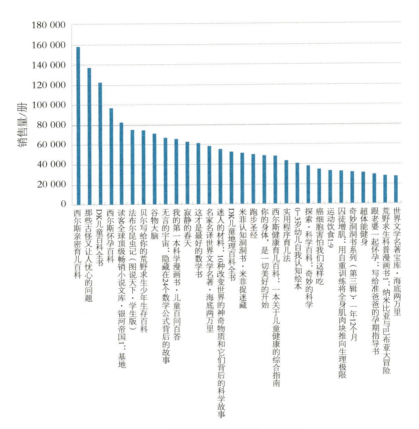

图4-41　科普图书译著销售量TOP30

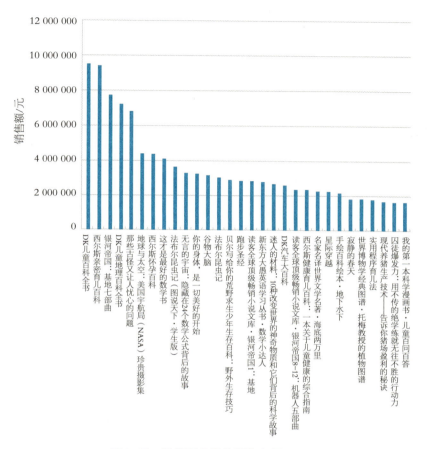

图4-42 科普图书译著销售金额TOP30

表4-9 科普图书译著销售量TOP30与销售金额TOP30中作者及作品数量

单位：种

科普图书译著销售量TOP30		科普图书译著销售金额TOP30	
作者	作品数量	作者	作品数量
SBS金炳万的丛林法则制作团队、柳大永、異正泰	1	John Gadd	1
艾萨克·阿西莫夫	1	艾萨克·阿西莫夫	3

119

科普图书译著销售量TOP30		科普图书译著销售金额TOP30	
作者	作品数量	作者	作品数量
保罗·威德	1	奥托·威廉·托梅	1
北山叶子	1	保罗·威德	1
贝尔·格里尔斯	1	贝尔·格里尔斯	1
达纳·麦肯齐	1	达纳·麦肯齐	1
戴维·珀尔马特、克里斯廷·洛伯格	1	戴维·珀尔马特、克里斯廷·洛伯格	1
道奇胜	1	道奇胜	1
迪克·布鲁纳	1	法布尔	1
法布尔	1	高苏珊娜	1
济阳高穗	1	基普·索恩	1
卡梅隆·迪亚茨、桑德拉·巴克	1	卡梅隆·迪亚茨、桑德拉·巴克	1
兰道尔·门罗	1	兰道尔·门罗	1
蕾切尔·卡逊	1	蕾切尔·卡逊	1
罗布·肯普	1	李善英	1
马克·米奥多尼克	1	马克·米奥多尼克	1
曼泰加扎	1	尼尔马拉·纳塔瑞杰	1
儒勒·凡尔纳	2	儒勒·凡尔纳	1
森拓郎	1	史迪凡尼	1
史迪凡尼	1	笹部贞市郎	1
笹部贞市郎	1	特蕾西·霍格、梅琳达·布劳	1
特蕾西·霍格、梅琳达·布劳	1	威廉·西尔斯	3
托尼·尼克尔森	1	亚历山德拉·米热林斯卡、丹尼尔·米热林斯基	1
威尔登·欧文	1	英国DK出版公司	3
威廉·西尔斯	3		
英国DK出版公司	2		

就价格（图4-43、图4-44）而言，科普图书译著销售量TOP30的价格一般集中在20～60元，与原创科普图书销售量TOP30的价格分布基本相同，而科普图书译著销售金额TOP30的价格则相对分散，50元左右的图书较多，但100元左右的图书数量也不少，甚至150元以上的图书多达7种。

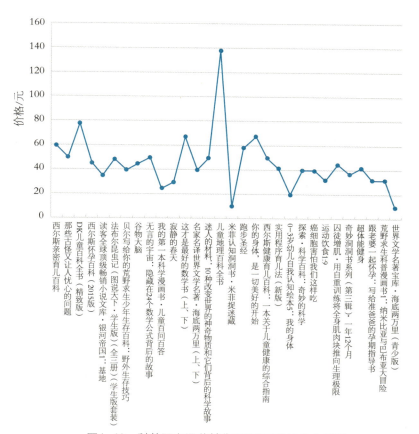

图4-43　科普图书译著销售量TOP30价格分布情况

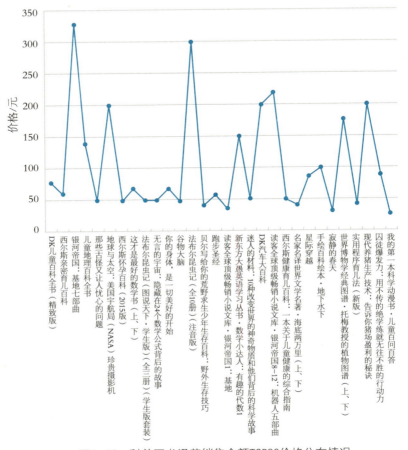

图4-44　科普图书译著销售金额TOP30价格分布情况

就图书内容（图4-45、图4-46）而言，科普图书译著销售量TOP30和销售金额TOP30均是"少儿科普百科"类图书最多，分别占销售量TOP30和销售金额TOP30的23%和30%；其次是"科普"类和"孕产育儿"类，此外"健康养生""外国幻想小说"等类图书也较多。

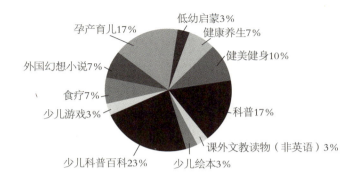

图4-45　科普图书译著销售量TOP30图书内容分类情况

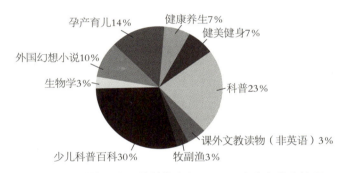

图4-46　科普图书译著销售金额TOP30图书内容分类情况

　　就出版社（图4-47、图4-48）而言，北京联合出版有限责任公司出版的图书进入科普图书译著销售量TOP30和销售金额TOP30的数量都是最多的，分别为6种和7种；长江少年儿童出版社有3种图书进入科普图书译著销售量TOP30；北京理工大学出版社、北京科学技术出版社、二十一世纪出版社和南海出版公司各有2种图书进入销售量TOP30。北京科学技术出版社进入销售金额TOP30的有4种，仅次于北京联合出版有限责任公司。江苏凤凰文艺出版社有3种图书进入销售金额TOP30。此外，北京理工大学出版社和南海出版公司也各有2种图书进入销售金额TOP30。

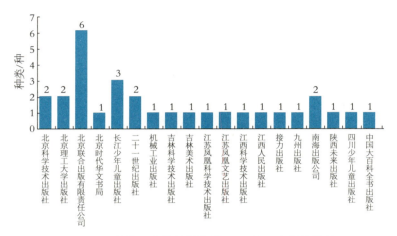

图4-47　科普图书译著销售量TOP30涉及出版社情况

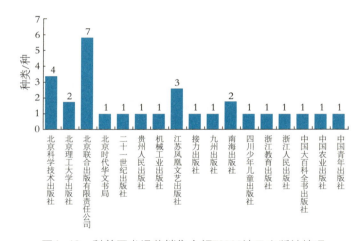

图4-48　科普图书译著销售金额TOP30涉及出版社情况

就图书来源国别（图4-49、图4-50）来说，进入销售量TOP30科普图书译著中，译自美国的最多，有11种，占TOP30的37%；其次是译自英国和日本的图书，各有7种和4种，分别占TOP30的23%和14%。进入销售金额TOP30的科普图书译著中，译自美国的图书也是最多的，有15种，占TOP30的50%；其次是译自英国和韩国的图书，各有6种和3种，分别占TOP30的20%和

10%。可以看出，译自美国的科普图书译著的销售情况最好，无论在销售量还是在销售金额上，都表现优秀。

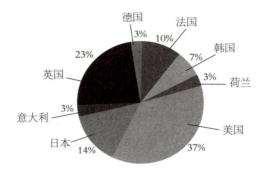

图4-49 科普图书译著销售量TOP30涉及国别情况

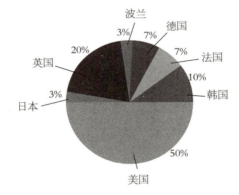

图4-50 科普图书译著销售金额TOP30涉及国别情况

第四节 小 结

总体来说，2015年出版的科普图书中"少儿科普百科"和"孕产育儿"类内容的图书最受读者欢迎，在销售量和销售金额方面都是最多的。价格集中在20～60元的科普图书一般最易畅销。从实体店和网店的销售情况来看，无论是销售量还是销售金额，网店的销售都远大于实体店的销售，可以看出，网店已经成为科普图书的主要销售渠道。原创科普图书的销售情况越来越好，在销售量和销售金额排名上原创科普图书都占有优势，甚至在销售量和销售金额TOP30的平均销售情况上都优于科普图书译著，但整体上看，原创科普图书与科普图书译著之间仍存在着一定的差距。

附录一 2015年出版科普图书书目（部分）

附表1-1 2015年出版科普图书书目（部分）

国际标准书号（ISBN）	书名	出版单位	著者、编著及译者等
978-7-122-21252-8	《本草纲目》中老年治病特效方随身查	化学工业出版社	王桂茂主编
978-7-111-48652-7	ABAQUS 6.12有限元分析从入门到精通	机械工业出版社	张建伟等编著
978-7-111-49457-7	ANSYS 15.0有限元分析完全自学手册	机械工业出版社	郝勇、钟礼东等编著
978-7-121-25675-2	ANSYS Workbench 15.0结构分析快速入门指南	电子工业出版社	廉耀东编著
978-7-5000-9444-9	DK儿童地理百科全书	中国大百科全书出版社	李霓译
978-7-302-37767-2	Dreamweaver CS6中文版网页设计与制作	清华大学出版社	文杰书院编著
978-7-03-042376-4	Excel2013办公应用技巧	科学出版社	前沿文化编著

续表

国际标准书号（ISBN）	书名	出版单位	著者、编著及译著等
978-7-5337-6464-7	Nikon D7100数码单反摄影从入门到精通	安徽科学技术出版社	数码创意编著
978-7-122-22332-6	Nikon D810数码单反摄影技巧大全	化学工业出版社	FUN视觉、雷波编著
978-7-03-042310-8	Office 2013综合办公应用技巧	科学出版社	前沿文化编著
978-7-5100-8639-7	癌症早知道	世界图书出版公司	（英）桑德拉·威廉姆斯著
978-7-5122-0621-2	爱上多肉仙人掌	中国民族摄影艺术出版社	（日）松山美纱著
978-7-5514-0863-9	爱上科学	浙江摄影出版社	永佳世图编著
978-7-03-042171-5	北京蛾类图谱	科学出版社	虞国跃著
978-7-03-042930-8	北京梅花	科学出版社	许联瑛主编
978-7-122-22004-2	变化莫测的化学实验	化学工业出版社	纸上魔方编绘
978-7-5385-8215-4	濒危物种	北方妇女儿童出版社	纸上魔方编绘

续表

国际标准书号（ISBN）	书名	出版单位	著者、编著及译著等
978-7-122-21969-5	不可不知的160项汽车养护常识及操作	化学工业出版社	轩浩主编
978-7-121-24427-8	彩色电视机维修一月通	电子工业出版社	王忠诚编著
978-7-5388-8093-9	常见病吃什么？禁什么？	黑龙江科学技术出版社	《健康大讲堂》编委会主编
978-7-115-37908-5	常见植物识别图鉴	人民邮电出版社	自然图鉴编辑部编著
978-7-5028-4494-3	城市防震减灾实用指南	地震出版社	任利生主编
978-7-121-24347-9	从太空看地球	电子工业出版社	（英）帕特·诺里斯著
978-7-5603-5614-3	从整数谈起	哈尔滨工业大学出版社	冯克勤编著
978-7-300-21601-0	大学生心理健康朋辈互助	中国人民大学出版社	汪立夏、舒曼、胡燕编著
978-7-224-11079-1	大宇宙微解码	陕西人民出版社	（英）马库斯·尚恩、（荷）霍弗特·席林著
978-7-5495-6998-4	大众科学健身指南	广西师范大学出版社	李相如主编

续表

国际标准书号（ISBN）	书名	出版单位	著者、编著及译者等
978-7-5082-9709-5	大自然生气了	金盾出版社	安坡娜主编
978-7-115-36932-1	单反相机使用与拍摄技巧全解	人民邮电出版社	诚图摄影编著
978-7-5478-2259-3	当代大数学家画传	上海科学技术出版社	（美）玛丽安娜·库兆编
978-7-5111-2637-5	地下水污染防治知识问答	中国环境出版社	环境保护部科技标准司、中国环境科学学会主编
978-7-5028-4688-6	地震科普知识百问百答	地震出版社	《地震科普知识百问百答》编委会编
978-7-5391-9791-3	第一本可以玩的儿童百科书	二十一世纪出版社	（法）希尔维·柏西著
978-7-5123-6468-4	电动自行车/三轮车快学速修668例	中国电力出版社	吴文琳编著
978-7-03-042311-5	电脑常见故障排除技巧	科学出版社	前沿文化编著
978-7-03-042373-3	电脑上网应用技巧	科学出版社	前沿文化编著
978-7-111-45842-5	动动手看船为什么能航行	机械工业出版社	（英）萨拉·伊森编著

续表

国际标准书号（ISBN）	书名	出版单位	著者、编著及译者等
978-7-111-45938-5	动动手看直升机怎么飞	机械工业出版社	（英）萨拉·伊森编著
978-7-109-20359-4	多才多艺的小麦	中国农业出版社	（韩）徐宝贤著
978-7-5448-3942-6	飞行器的大秘密	接力出版社	法国米兰出版社著
978-7-300-20132-0	分子原子的奥秘	中国人民大学出版社	宋海东工作室图文
978-7-5082-9855-9	跟着库克船长探险太平洋	金盾出版社	刘小玲、青雨著
978-7-5384-4817-7	观花植物1000种经典图鉴	吉林科学技术出版社	徐晔春主编
978-7-04-042545-1	嗨！青春期	高等教育出版社	（英）埃里诺·格林伍德、（英）亚历山大·考克斯编著
978-7-5384-8095-5	怀孕图解大百科	吉林科学技术出版社	管睿主编
978-7-5111-2282-7	环境应知100问——您身边的环境知识	中国环境出版社	张辉主编

续表

国际标准书号（ISBN）	书名	出版单位	著者、编著及译著者等
978-7-5133-1678-1	幻海听风	新星出版社	北京市科学技术协会、蟑蛳五线谱网站编
978-7-5466-2122-7	荒野求生全书	新疆科学技术出版社	许俊霞、肖玲玲编著
978-7-5664-0974-4	会唱歌的尾巴	安徽大学出版社	陈龙银、薛贤荣、姚敏叔主编
978-7-5478-2384-2	慧眼选猫	上海科学技术出版社	（英）大卫·艾顿著
978-7-5650-2132-9	机场常见鸟类野外调查手册	合肥工业大学出版社	施泽荣、张亮、白文娟编著
978-7-5091-8648-0	基层官兵心理常识80问	人民军医出版社	吴明忠等主编
978-7-110-09123-4	基层科普工作指南	科学普及出版社	罗晖主编
978-7-5613-8108-3	见证生活处处皆化学	陕西师范大学出版社	苏香姝主编
978-7-5165-0605-9	解密中国枪械武器	航空工业出版社	"轻武器系列丛书"编委会编著
978-7-110-08490-8	谨防惊雷闪电	科学普及出版社	中国灾害防御协会编

续表

国际标准书号（ISBN）	书名	出版单位	著者、编者及译者等
978-7-5088-4387-2	精选数独	龙门书局	北京广播电视台数独发展总部编著
978-7-122-22158-2	看图学汽车底盘故障检测与维修	化学工业出版社	孙余凯、刘伟、项绮明等编著
978-7-110-08779-4	科普创作通览	科学普及出版社	董仁威主编
978-7-5316-7350-7	科学才露尖尖角	黑龙江教育出版社	邢诏华著
978-7-5192-0254-5	科学精英：求解斯芬克斯的人们	世界图书出版公司	《自然辩证法通讯》杂志社主编
978-7-5560-3713-1	科学王国漫步	长江少年儿童出版社	叶永烈著
978-7-5537-3747-8	老中医月子炖补汤	江苏凤凰科学技术出版社	陈霞主编
978-7-115-40238-7	乐高机器人EV3创意搭建指南	人民邮电出版社	（日）五十川芳仁著
978-7-209-09181-7	雷电人身伤害与防护	山东人民出版社	李密著
978-7-113-19177-1	轮子上的世界	中国铁道出版社	王雄著

续表

国际标准书号（ISBN）	书名	出版单位	著者、编者及译者等
978-7-5397-7441-1	美国国家地理·终极昆虫百科	安徽少年儿童出版社	（美）达琳娜·穆拉夫斯基、（美）南希·霍诺维奇著
978-7-5331-7633-4	名老中医之路	山东科学技术出版社	周凤梧、张奇文、丛林主编
978-7-80769-906-4	南极的斯芬克斯	北京时代华文书局	（法）儒勒·凡尔纳著
978-7-300-20134-4	能源保卫战	中国人民大学出版社	宋海东工作室图文
978-7-5639-4178-0	你一定要懂的地理知识	北京工业大学出版社	王贵水编著
978-7-5639-4175-9	你一定要懂的环保知识	北京工业大学出版社	王贵水编著
978-7-5308-9962-5	皮肤科的那些人那些事	天津科学技术出版社	张建中主编
978-7-5344-7433-0	汽车博物馆	江苏凤凰美术出版社	（韩）梁承贤著
978-7-111-48544-5	汽车新技术新配置入门必知200问	机械工业出版社	刘春晖主编
978-7-5090-0995-6	青少年科学简史读本	当代世界出版社	滕浩编著

续表

国际标准书号（ISBN）	书名	出版单位	著者、编著及译者等
978-7-5111-1617-8	青少年水环境知识读本	中国环境出版社	环境保护部宣传教育中心编著
978-7-5659-1043-2	轻松学习医学细胞生物学	北京大学医学出版社	杨保胜主编
978-7-5439-5773-2	趣味天文学	上海科学技术文献出版社	（俄）亚·别列里曼著
978-7-5388-8014-4	全图解家庭医生速查手册	黑龙江科学技术出版社	《健康大讲堂》编委会主编
978-7-111-48745-6	让你爱上数学的50个游戏——藏在魔术、纸牌、体育项目中的秘诀	机械工业出版社	（美）罗纳德 J.古尔德著
978-7-213-06591-0	让我告诉你	浙江人民出版社	陈炫华主编
978-7-122-21315-0	肉牛饲料配方手册	化学工业出版社	王艳荣、张慧慧主编
978-7-200-10778-4	森林报	北京出版社	（苏）维·比安基著
978-7-306-05131-8	神秘岛	中山大学出版社	（法）儒勒·凡尔纳原著
978-7-5029-5801-5	实用防雷业务知识问答	气象出版社	刘凤姣、何逸、王智刚主编

续表

国际标准书号（ISBN）	书名	出版单位	著者、编著及译著等
978-7-5027-9230-5	世界航空母舰全史	海洋出版社	（英）安东尼·普雷斯顿著
978-7-5092-1356-8	世界航空史	中国市场出版社	（英）罗伯特·杰克逊著
978-7-115-39532-0	世界经典机枪TOP10	人民邮电出版社	铁血图文编著
978-7-115-39199-5	世界轻武器精粹——手枪	人民邮电出版社	（法）托马斯·基斯扎莱、（法）让-保罗·奈、（法）菲利普·布莱著
978-7-302-40900-7	世界著名轻型通用飞机鉴赏	清华大学出版社	张利国编著
978-7-5344-8812-2	世界最具影响力的36位诺贝尔奖获得主	江苏凤凰美术出版社	《微经典》编委会编著
978-7-5478-2321-7	数学和数学家的故事	上海科学技术出版社	（美）李学数编著
978-7-5478-2466-5	数学和数学家的故事	上海科学技术出版社	（美）李学数编著
978-7-5337-6632-0	透过展品学科学	安徽科学技术出版社	柏劲松主编

续表

国际标准书号（ISBN）	书名	出版单位	著者、编者及译者等
978-7-5637-3074-2	图解野生动物	旅游教育出版社	（英）DK出版公司编著
978-7-5442-7968-0	图说航空知识	南海出版公司	《图说经典百科》编委会编著
978-7-100-10792-1	伟大的博物学家	商务印书馆	（英）罗伯特·赫胥黎主编
978-7-5391-9938-2	我家有个动物园	二十一世纪出版社	（日）田川秀树著
978-7-5080-8306-3	武器酷车大百科	华夏出版社	文心主编
978-7-5094-1154-4	武器装备	蓝天出版社	李桂玲、张应二主编
978-7-5562-0752-7	物理世界真奇妙——少年科学馆	湖南少年儿童出版社	柠檬夸克著
978-7-5153-3901-6	雾霾时代的养生密码	中国青年出版社	康建中著
978-7-5349-7528-8 978-7-5349-7206-5	西北野外观花手册	河南科学技术出版社	李敏、朱强编著
978-7-302-40693-8	现代枪械大百科	清华大学出版社	《深度军事》编委会编著

续表

国际标准书号（ISBN）	书名	出版单位	著者、编著及译著等
978-7-5029-6036-0	乡镇气象灾害防御读本	气象出版社	朱临洪主编
978-7-5477-1313-6	想不到科学如此简单	同心出版社	刘祥和编写
978-7-5108-2706-8	小牛顿科学全知道	九州出版社	台湾牛顿出版公司编著
978-7-5342-7969-0	小学生不可不知的数学家	浙江少年儿童出版社	陈夏法主编
978-7-5113-5339-9	写给青春期男孩的书	中国华侨出版社	左昕编著
978-7-5008-6016-7	新编应急避险一本通	中国工人出版社	本书编写组编
978-7-5304-7430-3	新概念儿童科学馆	北京科学技术出版社	（法）弗勒鲁斯出版社编著
978-7-111-50708-6	新手驾车必知1000招	机械工业出版社	李娜主编
978-7-121-24372-1	新手学PhotoshopCC数码照片处理	电子工业出版社	数码创意编著
978-7-111-49509-3	新手养车1080个怎么办	机械工业出版社	庞永华编著

续表

国际标准书号（ISBN）	书名	出版单位	著者、编著及译者等
978-7-5085-3006-2	熊猫的故事	五洲传播出版社	谭楷著
978-7-5537-3696-9	一学就会经典药方	江苏凤凰科学技术出版社	武建设主编
978-7-5108-2671-9	有趣的月亮观察绘本	九州出版社	（日）大枝史郎著
978-7-5067-7098-9	孕妇学校	中国医药科技出版社	陈升平编著
978-7-5101-2997-1	孕期保健与营养细节全书	中国人口出版社	付娟娟编著
978-7-5137-0876-0	蜘蛛	中国和平出版社	（加）阿兰·M.贝热龙、（加）米歇尔·玫坦、（加）桑巴尔茨著
978-7-5664-0995-9	植物的"自卫"本领	安徽大学出版社	陈龙银、薛贤荣、薛艳主编
978-7-110-09103-6	中国公民科学素质报告	科学普及出版社	何薇、张薇、任磊编著
978-7-5038-7637-0	中国景观植物应用大全	中国林业出版社	徐晔春、臧德奎主编
978-7-5023-9855-2	中国科普统计	科学技术文献出版社	中华人民共和国科学技术部编

续表

国际标准书号（ISBN）	书名	出版单位	著者、编著及译著等
978-7-5679-0161-2	肿瘤化疗、放疗268个怎么办	中国协和医科大学出版社	王奇璐、余子豪主编
978-7-5363-6969-6	重金属污染，就在你身边	广西民族出版社	广西壮族自治区科学技术厅编
978-7-122-20516-2	装甲车——陆战"轻骑兵"	化学工业出版社	李大光、方福生编著

注：以上为部分书目，更多科普图书书目请扫描表格下面的二维码。

（扫描二维码可下载查看2015年出版科普图书书目）

附录二 科普图书分类数据表

附表2-1 2015年科普图书分类情况

序号	科普图书类型	科普图书种数
1	核心科普	7 588
2	泛科普	4 389
3	一般科普	2 099
4	合计	14 076

注：关于科普图书类型分类，请参考本书第一章。

附录三　科普图书TOP榜单

附表3-1　科普图书出版社TOP50

序号	出版社	科普图书种数
1	化学工业出版社	819
2	电子工业出版社	421
3	人民邮电出版社	408
4	机械工业出版社	367
5	金盾出版社	341
6	江苏凤凰科学技术出版社	338
7	清华大学出版社	283
8	北京联合出版有限责任公司	251
9	人民军医出版社	205
10	中国农业出版社	196
11	中国电力出版社	190
12	吉林科学技术出版社	179
13	黑龙江美术出版社	178
14	吉林出版集团有限责任公司	178
15	长江少年儿童出版社	156
16	北京科学技术出版社	144
17	中国铁道出版社	144
18	黑龙江科学技术出版社	138
19	科学出版社	138

续表

序号	出版社	科普图书种数
20	中国农业科学技术出版社	138
21	汕头大学出版社	131
22	吉林美术出版社	127
23	青岛出版社	125
24	天津科学技术出版社	125
25	浙江科学技术出版社	121
26	浙江教育出版社	120
27	中国人口出版社	119
28	湖北科学技术出版社	118
29	中国纺织出版社	116
30	北方妇女儿童出版社	112
31	安徽科学技术出版社	108
32	科学普及出版社	106
33	中国妇女出版社	99
34	上海科学普及出版社	95
35	山东科学技术出版社	94
36	上海科学技术出版社	91
37	福建科学技术出版社	90
38	中原农民出版社	89
39	湖南少年儿童出版社	88
40	接力出版社	88
41	中国医药科技出版社	87
42	辽宁科学技术出版社	84
43	中国青年出版社	84

续表

序号	出版社	科普图书种数
44	中国大百科全书出版社	83
45	北京教育出版社	82
46	人民卫生出版社	82
47	湖南科学技术出版社	80
48	同心出版社	79
49	未来出版社	79
50	安徽少年儿童出版社	76

附表3-2　科普图书出版地TOP5

序号	出版地	科普图书种数
1	北京	7 442
2	长春	704
3	南京	615
4	武汉	517
5	上海	492

附表3-3　科普图书作者TOP50

序号	作者	科普图书种数
1	儒勒·凡尔纳	173
2	崔钟雷	167
3	龚勋	120
4	法布尔	89
5	维·比安基	80

续表

序号	作者	科普图书种数
6	《指尖上的探索》编委会	70
7	齐浩然	70
8	甘智荣	64
9	纸上魔方	63
10	保冬妮	50
11	李志刚	44
12	阿兰·M.贝热龙	42
13	《健康大讲堂》编委会	39
14	台湾牛顿出版公司	37
15	魏红霞	37
16	冈特·鲍利（Gunter Pauli）	36
17	甘肃省农牧厅	35
18	胡维勤	35
19	丹·格林	33
20	文心	31
21	科学心系列丛书编委会	29
22	瑾蔚	28
23	杨杨	28
24	李杰	27
25	侯海博	26
26	犀文图书	26
27	杨红樱	26
28	李丹	25
29	李文姬	24

续表

序号	作者	科普图书种数
30	前沿文化	24
31	微缩百科编委会	24
32	九州书源	23
33	李波	23
34	孙静	23
35	《科普知识读本》编委会	22
36	艾萨克·阿西莫夫	22
37	董广民	22
38	潘英丽	21
39	谢英彪	21
40	《图说经典百科》编委会	20
41	《中国家庭养生保健书库》编委会	20
42	奥利维亚·布鲁克斯	20
43	北京广播电视台数独发展总部	20
44	火车迷工作室	20
45	刘光达	20
46	曾培杰	20
47	海洋梦系列丛书编委会	19
48	FUN视觉	19
49	刘兴诗	19
50	龙马高新教育	19

附表3-4　科普图书主题词TOP50

序号	主题词	科普图书种数
1	科学知识	1 201
2	科学幻想小说	657
3	智力游戏	431
4	动物	374
5	恐龙	346
6	安全教育	332
7	汽车	303
8	婴幼儿	256
9	数学	237
10	自然科学	187
11	植物	172
12	女性	162
13	数字照相机	138
14	保健	135
15	昆虫	135
16	宇宙	132
17	妊娠期	118
18	昆虫学	109
19	地理	107
20	糖尿病	107
21	养生（中医）	107
22	常识课	105
23	表处理软件	100
24	人体	99

续表

序号	主题词	科普图书种数
25	森林	99
26	图像处理软件	90
27	学前教育	89
28	地球	80
29	故事课	77
30	海洋	74
31	物理学	74
32	蔬菜	72
33	武器	70
34	高血压	69
35	小儿疾病	68
36	鸟类	67
37	食物养生	67
38	围产期	66
39	小学数学课	66
40	老年人	63
41	花卉	60
42	科学实验	59
43	办公自动化	57
44	图形软件	57
45	食物疗法	56
46	男性	55
47	图画故事	55
48	大学生	53

续表

序号	主题词	科普图书种数
49	环境保护	53
50	天文学	53

附表3-5　科普图书译著国别TOP5

序号	译著国别	科普图书种数
1	英国	606
2	美国	576
3	法国	493
4	韩国	398
5	日本	280

附表3-6　科普图书译者TOP15（共16个）

序号	译者	科普图书种数
1	陈筱卿	51
2	乐乐趣工作室	32
3	侯晓希	28
4	丁凡	23
5	千太阳	22
6	叶李华	22
7	海豚传媒	20
8	李明淑	20
9	赵畅	20
10	陈潇	19
11	明天编译小组	18

续表

序号	译者	科普图书种数
12	金熙雯	17
13	海杯子	16
14	夏芒	16
15	丛蕾	15
16	刘畅	15

注：第15名为并列，因此计者TOP15实为16名。

附表3-7　科普图书总销售量TOP30

序号	书名	出版社名称	作者	总销售量/册
1	好妈妈不打不骂培养男孩300个细节	南海出版公司	张晓萍	375 924
2	小牛顿的第一套科普绘本	世界图书出版公司	本书编写组	232 991
3	中国儿童百科全书（普及版）	中国大百科全书出版社	中国大百科全书出版社编委会	196 588
4	0~6岁宝宝食谱必备全书	中国人口出版社	艾贝母婴研究中心	191 827
5	"小牛顿问号探寻"科普绘本	长江出版社	孙静	169 729
6	西尔斯亲密育儿百科	南海出版公司	威廉·西尔斯	157 768
7	崔玉涛图解家庭育儿10：小儿常见病	东方出版社	崔玉涛	144 229
8	硬派健身	湖南文艺出版社	斌卡	139 895
9	那些古怪又让人忧心的问题	北京联合出版有限责任公司	兰道尔·门罗	137 130

续表

序号	书名	出版社名称	作者	总销售量/册
10	小儿推拿专家教捏捏按按百病消（全新彩图版）	机械工业出版社	缘缘	136 268
11	中国少年儿童百科全书	黑龙江美术出版社	崔钟雷	135 821
12	DK儿童百科全书（精致版）	四川少年儿童出版社	英国DK出版公司	122 211
13	图解舌诊：伸伸舌头百病消	江西科学技术出版社	罗大伦	113 745
14	只有医生知道！（3）	江苏凤凰文艺出版社	张羽	102 451
15	法布尔昆虫记绘本：捕蝇蜂——合格的母亲（彩绘美图版）	长江出版社	齐遇	99 292
16	西尔斯怀孕百科（2015版）	南海出版公司	威廉·西尔斯	96 800
17	瑜伽：从新手到高手（超值全彩珍藏版）	北京联合出版有限责任公司	美梓	83 783
18	怀孕胎教知识百科全书	四川科学技术出版社	艾贝母婴研究中心	83 216
19	读客全球顶级畅销小说文库·银河帝国1：基地	江苏凤凰文艺出版社	艾萨克·阿西莫夫	82 230
20	好妈妈不娇不惯培养女孩300个细节（超值畅销）	南海出版公司	静涛、李厚泽	79 188
21	火柴棒医生手记系列·捏捏小手百病消（彩图版）	广西科学技术出版社	周尔晋	77 337
22	十万个为什么	黑龙江美术出版社	崔钟雷	76 494

续表

序号	书名	出版社名称	作者	总销售量/册
23	植物大战僵尸2武器秘密之你问我答科学漫画	中国少年儿童出版社	笑江南	74 984
24	法布尔昆虫记（学生版套装）	北京联合出版有限责任公司	法布尔	74 967
25	贝尔写给你的荒野求生少年生存百科	接力出版社	贝尔·格里尔斯	74 749
26	吃法决定活法	江西科学技术出版社	陈允斌	72 904
27	谷物大脑	机械工业出版社	戴维·珀尔马特、克里斯廷·洛伯格	71 300
28	彩书坊·学生成长必读·昆虫记	吉林出版集团股份有限公司	《图说天下·珍藏版》编委会	69 945
29	无言的宇宙：隐藏在24个数学公式背后的故事	北京联合出版有限责任公司	达纳·麦肯齐	66 731
30	我的第一本科学漫画书·儿童百问百答	二十一世纪出版社	道奇胜	65 628

注：本书销售量统计截至2017年6月30日，余表同。

附表3-8　科普图书实体店销售量TOP30

序号	书名	出版社名称	作者	总实体店销售量/册
1	贝尔写给你的荒野求生少年生存百科	接力出版社	贝尔·格里尔斯	48 714
2	植物大战僵尸2武器秘密之你问我答科学漫画	中国少年儿童出版社	笑江南	40 928

续表

序号	书名	出版社名称	作者	总实体店销售量/册
3	新阅读·十万个为什么	四川天地出版社	文心	30 155
4	读客全球顶级畅销小说文库·银河帝国1：基地	江苏凤凰文艺出版社	艾萨克·阿西莫夫	30 121
5	图解时间简史	中国华侨出版社	楚丽萍	30 058
6	我的第一本科学漫画书·儿童百问百答	二十一世纪出版社	道奇胜	24 455
7	荒野求生科普漫画书1：纳米比亚与巴布亚大冒险	长江少年儿童出版社	SBS金炳万的丛林法则制作团队、柳大永、巽正泰	23 866
8	优等生必读文库·世界经典名著主题悦读系列·海底两万里	接力出版社	凡尔纳	21 540
9	海底两万里	中国画报出版社	儒勒·凡尔纳	21 136
10	金苹果童书馆·知识问答	北京日报出版社	禹田	21 128
11	马小跳发现之旅	明天出版社	杨红樱、央美阳光	20 036
12	养脾胃就是养命	江西科学技术出版社	翟煦	18 679
13	学习改变未来·世界之最	北京教育出版社	魏红霞	18 552
14	巧厨娘（第3季）·健康宝宝餐：0～3岁宝宝饮食优选方案	青岛出版社	圆猪猪	18 544

续表

序号	书名	出版社名称	作者	总实体店销售量/册
15	给教师的健康枕边书	山东科学技术出版社	刘建	18 424
16	亚特兰蒂斯人类起源三部曲·亚特兰蒂斯：基因战争	四川文艺出版社	A.G.里德尔	17 812
17	世界文学名著宝库·海底两万里（青少版）	长江少年儿童出版社	儒勒·凡尔纳、肖宝荣	16 984
18	吃法决定活法	江西科学技术出版社	陈允斌	16 673
19	养心	江苏凤凰科学技术出版社	董峰	16 358
20	新阅读·中国儿童百科全书	四川天地出版社	文心	16 044
21	学习改变未来·世界地理百科	北京教育出版社	魏红霞	15 870
22	你的身体，是一切美好的开始	北京联合出版有限责任公司	卡梅隆·迪亚茨、桑德拉·巴克	15 347
23	经典名著轻松读·昆虫记	长江少年儿童出版社	亨利·法布尔、曾德伟	15 047
24	学习改变未来·中国地理百科	北京教育出版社	魏红霞	14 569
25	那些古怪又让人忧心的问题	北京联合出版有限责任公司	兰道尔·门罗	14 556
26	图解舌诊：伸伸舌头百病消	江西科学技术出版社	罗大伦	13 692
27	学习改变未来·植物百科	北京教育出版社	魏红霞	13 372

续表

序号	书名	出版社名称	作者	总实体店销售量/册
28	凤凰生活·教你活到100岁	江苏凤凰科学技术出版社	杨力	13 181
29	学习改变未来·昆虫百科	北京教育出版社	魏红霞	13 000
30	新东方大愚英语学习丛书·数学小达人	浙江教育出版社	李善英	12 671

附表3-9 科普图书网店销售量TOP30

序号	书名	出版社名称	作者	总网店销售量/册
1	好妈妈不打不骂培养男孩300个细节（超值畅销）	南海出版公司	张晓萍	373 872
2	小牛顿的第一套科普绘本	世界图书出版公司	本书编写组	232 438
3	中国儿童百科全书（普及版）	中国大百科全书出版社	中国大百科全书出版社编委会	196 091
4	0～6岁宝宝食谱必备全书	中国人口出版社	艾贝母婴研究中心	188 530
5	"小牛顿问号探寻"科普绘本	长江出版社	孙静	169 661
6	西尔斯亲密育儿百科	南海出版公司	威廉·西尔斯	147 905
7	中国少年儿童百科全书	黑龙江美术出版社	崔钟雷	135 821
8	崔玉涛图解家庭育儿10：小儿常见病	东方出版社	崔玉涛	135 300

续表

序号	书名	出版社名称	作者	总网店销售量/册
9	小儿推拿专家教捏捏按按百病消（全新彩图版）	机械工业出版社	缘缘	131 916
10	硬派健身	湖南文艺出版社	斌卡	130 509
11	那些古怪又让人忧心的问题	北京联合出版有限责任公司	兰道尔·门罗	122 574
12	DK儿童百科全书（精致版）	四川少年儿童出版社	英国DK出版公司	122 168
13	图解舌诊：伸伸舌头百病消	江西科学技术出版社	罗大伦	100 053
14	法布尔昆虫记绘本：捕蝇蜂——合格的母亲（彩绘美图版）	长江出版社	齐遇	99 273
15	只有医生知道！（3）	江苏凤凰文艺出版社	张羽	92 194
16	西尔斯怀孕百科（2015版）	南海出版公司	威廉·西尔斯	87 163
17	瑜伽：从新手到高手（超值全彩珍藏版）	北京联合出版有限责任公司	美梓	83 734
18	怀孕胎教知识百科全书	四川科学技术出版社	艾贝母婴研究中心	81 681
19	好妈妈不娇不惯培养女孩300个细节（超值畅销）	南海出版公司	静涛、李厚泽	77 794
20	十万个为什么	黑龙江美术出版社	崔钟雷	76 269

续表

序号	书名	出版社名称	作者	总网店销售量/册
21	法布尔昆虫记（学生版套装）	北京联合出版有限责任公司	法布尔	74 855
22	火柴棒医生手记系列·捏捏小手百病消（彩图版）	广西科学技术出版社	周尔晋	72 550
23	彩书坊·学生成长必读·昆虫记	吉林出版集团股份有限公司	《图说天下·珍藏版》编委会	68 878
24	谷物大脑	机械工业出版社	戴维·珀尔马特、克里斯廷·洛伯格	66 046
25	Word/Excel/PPT 2013办公应用从入门到精通	人民邮电出版社	神龙工作室	61 127
26	这才是最好的数学书	北京时代华文书局	笹部贞市郎	59 640
27	坐月子与新生儿护理全书	四川科学技术出版社	艾贝母婴研究中心	57 654
28	无言的宇宙：隐藏在24个数学公式背后的故事	北京联合出版有限责任公司	达纳·麦肯齐	57 406
29	和金牌月嫂学做月子餐	中国妇女出版社	周英	57 317
30	吃法决定活法	江西科学技术出版社	陈允斌	56 231

附表3-10　原创科普图书销售量TOP30

序号	书名	出版社名称	作者	总销售量/册
1	好妈妈不打不骂培养男孩300个细节	南海出版公司	张晓萍	375 924
2	小牛顿的第一套科普绘本	世界图书出版公司	小牛顿的第一套科普绘本编写组	232 991
3	中国儿童百科全书	中国大百科全书出版社	中国大百科全书出版社编委会	196 588
4	0～6岁宝宝食谱必备全书	中国人口出版社	艾贝母婴研究中心	191 827
5	"小牛顿问号探寻"科普绘本	长江出版社	孙静	169 729
6	崔玉涛图解家庭育儿10：小儿常见病	东方出版社	崔玉涛	144 229
7	硬派健身	湖南文艺出版社	斌卡	139 895
8	小儿推拿专家教捏捏按按百病消	机械工业出版社	缘缘	136 268
9	中国少年儿童百科全书	黑龙江美术出版社	崔钟雷	135 821
10	图解舌诊：伸伸舌头百病消	江西科学技术出版社	罗大伦	113 745
11	只有医生知道！（3）	江苏凤凰文艺出版社	张羽	102 451
12	法布尔昆虫记绘本：捕蝇蜂——合格的母亲	长江出版社	齐遇	99 292
13	瑜伽：从新手到高手	北京联合出版有限责任公司	美梓	83 783

续表

序号	书名	出版社名称	作者	总销售量/册
14	怀孕胎教知识百科全书	四川科学技术出版社	艾贝母婴研究中心	83 216
15	好妈妈不娇不惯培养女孩300个细节	南海出版公司	静涛、李厚泽	79 188
16	火柴棒医生手记系列·捏捏小手百病消	广西科学技术出版社	周尔晋	77 337
17	十万个为什么：地球环境	黑龙江美术出版社	崔钟雷	76 494
18	植物大战僵尸2武器秘密之你问我答科学漫画	中国少年儿童出版社	笑江南	74 984
19	吃法决定活法	江西科学技术出版社	陈允斌	72 904
20	彩书坊·学生成长必读·昆虫记	吉林出版集团股份有限公司	《图说天下·珍藏版》编委会	69 945
21	Word/Excel/PPT 2013办公应用从入门到精通	人民邮电出版社	神龙工作室	65 456
22	和金牌月嫂学做月子餐	中国妇女出版社	周英	63 108
23	救命之方	江西科学技术出版社	罗大伦	60 208
24	坐月子与新生儿护理全书	四川科学技术出版社	艾贝母婴研究中心	59 203
25	睡前捏一捏　宝宝不生病	江苏凤凰科学技术出版社	廖品东、熊茜	56 545
26	时尚新厨房·花式营养早餐一本全	化学工业出版社	双福	50 818

续表

序号	书名	出版社名称	作者	总销售量/册
27	备孕怀孕养胎坐月子：新一代准妈妈必备百科全书	化学工业出版社	翟桂荣	50 460
28	顾中一说：我们到底应该怎么吃？	科学技术文献出版社	顾中一	49 538
29	图解本草纲目（超值全彩白金版）	中医古籍出版社	董广民	46 875
30	中国儿童地图百科全书·穿越中国	中国大百科全书出版社	《中国儿童地图百科全书》编委会	45 533

附表3-11 科普图书译著销售量TOP30

序号	书名	出版社名称	作者	总销售量/册
1	西尔斯亲密育儿百科	南海出版公司	威廉·西尔斯、玛莎·西尔斯、罗伯特·西尔斯、詹姆斯·西尔斯	157 768
2	那些古怪又让人忧心的问题	北京联合出版有限责任公司	兰道尔·门罗	137 130
3	DK儿童百科全书（精致版）	四川少年儿童出版社	英国DK出版公司	122 211
4	西尔斯怀孕百科（2015版）	南海出版公司	威廉·西尔斯	96 800
5	读客全球顶级畅销小说文库·银河帝国1：基地	江苏凤凰文艺出版社	艾萨克·阿西莫夫	82 230

续表

序号	书名	出版社名称	作者	总销售量/册
6	法布尔昆虫记（学生版套装）	北京联合出版有限责任公司	亨利·法布尔	74 967
7	贝尔写给你的荒野求生少年生存百科	接力出版社	贝尔·格里尔斯	74 749
8	谷物大脑	机械工业出版社	戴维·珀尔马特、克里斯廷·洛伯格	71 300
9	无言的宇宙：隐藏在24个数学公式背后的故事	北京联合出版有限责任公司	达纳·麦肯齐	66 731
10	我的第一本科学漫画书·儿童百问百答	二十一世纪出版社	道奇胜	65 628
11	寂静的春天	北京理工大学出版社	蕾切尔·卡逊	62 444
12	这才是最好的数学书	北京时代华文书局	笹部贞市郎	61 093
13	名家名译世界文学名著·海底两万里	北京理工大学出版社	儒勒·凡尔纳	58 037
14	迷人的材料：10种改变世界的神奇物质和它们背后的科学故事	北京联合出版有限责任公司	马克·米奥多尼克	55 038
15	儿童地理百科全书	中国大百科全书出版社	英国DK公司	52 440
16	米菲认知洞洞书·米菲捉迷藏	二十一世纪出版社	迪克·布鲁纳	51 088
17	跑步圣经	北京科学技术出版社	史迪凡尼	49 727

续表

序号	书名	出版社名称	作者	总销售量/册
18	你的身体，是一切美好的开始	北京联合出版有限责任公司	卡梅隆·迪亚茨、桑德拉·巴克	48 583
19	西尔斯健康育儿百科：一本关于儿童健康的综合指南	九州出版社	威廉·西尔斯	48 071
20	实用程序育儿法（新版）	北京联合出版有限责任公司	特蕾西·霍格、梅琳达·布劳	43 535
21	0−3岁幼儿自我认知绘本	长江少年儿童出版社	北山叶子	40 953
22	探索·科学百科：奇妙的科学	吉林美术出版社	威尔登·欧文	38 243
23	癌细胞害怕我们这样吃	江西科学技术出版社	济阳高穗	34 502
24	运动饮食1∶9	江苏凤凰科学技术出版社	森拓郎	33 401
25	囚徒增肌：用自重训练将全身肌肉块推向生理极限	北京科学技术出版社	保罗·威德	33 048
26	奇妙洞洞书系列（第三辑）·一年12个月	陕西未来出版社	曼泰加扎	32 078
27	超体能健身	吉林科学技术出版社	托尼·尼克尔森	30 470
28	跟老婆一起怀孕：写给准爸爸的孕期指导书	江西人民出版社	罗布·肯普	29 432

续表

序号	书名	出版社名称	作者	总销售量/册
29	荒野求生科普漫画书1：纳米比亚与巴布亚大冒险	长江少年儿童出版社	SBS金炳万的丛林法则制作团队、柳大永、巽正泰	28 221
30	世界文学名著宝库·海底两万里（青少版）	长江少年儿童出版社	儒勒·凡尔纳、肖宝荣	27 761

附表3-12　科普图书总销售金额TOP30

序号	书名	出版社名称	作者	总销售金额/元
1	中国儿童百科全书（普及版）	中国大百科全书出版社	中国大百科全书出版社编委会	23 590 560
2	好妈妈不打不骂培养男孩300个细节	南海出版公司	张晓萍	10 901 796
3	DK儿童百科全书	四川少年儿童出版社	英国DK出版公司	9 532 458
4	西尔斯亲密育儿百科	南海出版公司	威廉·西尔斯	9 434 526.4
5	银河帝国：基地七部曲	江苏凤凰文艺出版社	艾萨克·阿西莫夫	7 785 408
6	0～6岁宝宝食谱必备全书	中国人口出版社	艾贝母婴研究中心	7 442 887.6
7	儿童地理百科全书	中国大百科全书出版社	英国DK公司	7 236 720
8	那些古怪又让人忧心的问题	北京联合出版有限责任公司	兰道尔·门罗	6 829 074

续表

序号	书名	出版社名称	作者	总销售金额/元
9	硬派健身	湖南文艺出版社	斌卡	6 714 960
10	彩书坊·学生成长必读·昆虫记	吉林出版集团股份有限公司	《图说天下·珍藏版》编委会	6 155 160
11	小儿推拿专家教捏捏按按百病消（全新彩图版）	机械工业出版社	缘缘	6 132 060
12	崔玉涛图解家庭育儿10：小儿常见病	东方出版社	崔玉涛	4 615 328
13	瑜伽：从新手到高手	北京联合出版有限责任公司	美梓	4 608 065
14	图解舌诊：伸伸舌头百病消	江西科学技术出版社	罗大伦	4 538 425.5
15	地球与太空：美国宇航局（NASA）珍贵摄影集	北京联合出版有限责任公司	尼尔马拉·纳塔瑞杰	4 443 073
16	西尔斯怀孕百科	南海出版公司	威廉·西尔斯	4 433 440
17	这才是最好的数学书	北京时代华文书局	笹部贞市郎	4 154 324
18	实用经典·博弈论（海外交流定制版）	中国华侨出版社	刘庆财	4 101 080
19	火柴棒医生手记系列·捏捏小手百病消（彩图版）	广西科学技术出版社	周尔晋	3 712 176
20	法布尔昆虫记	北京联合出版有限责任公司	法布尔	3 673 383

续表

序号	书名	出版社名称	作者	总销售金额/元
21	只有医生知道！（3）	江苏凤凰文艺出版社	张羽	3 585 785
22	中国少儿百科全书（全八册）	延边大学出版社	赵妮尔	3 559 280
23	小牛顿的第一套科普绘本	世界图书出版公司	本书编写组	3 494 865
24	无言的宇宙：隐藏在24个数学公式背后的故事	北京联合出版有限责任公司	达纳·麦肯齐	3 323 203.8
25	你的身体，是一切美好的开始	北京联合出版有限责任公司	卡梅隆·迪亚茨、桑德拉·巴克	3 303 644
26	谷物大脑	机械工业出版社	戴维·珀尔马特、克里斯廷·洛伯格	3 208 500
27	Word/Excel/PPT 2013办公应用从入门到精通	人民邮电出版社	神龙工作室	3 207 344
28	图解本草纲目	中医古籍出版社	董广民	3 187 500
29	中国儿童地图百科全书·穿越中国	中国大百科全书出版社	《中国儿童地图百科全书》编委会	3 096 244
30	法布尔昆虫记（注音版）	北京科学技术出版社	高苏珊娜	3 076 850

附表3-13　科普图书实体店销售金额TOP30

序号	书名	出版社名称	作者	总实体店销售金额/元
1	中国儿童百科全书（超值套装）	中国大百科全书出版社	《中国儿童百科全书》编委会	2 159 976
2	贝尔写给你的荒野求生少年生存百科	接力出版社	贝尔·格里尔斯	1 929 074.4
3	新东方大愚英语学习丛书·数学小达人	浙江教育出版社	李善英	1 900 650
4	精致图文·恐龙世界大百科	华夏出版社	文心	1 073 792
5	读客全球顶级畅销小说文库·银河帝国1：基地	江苏凤凰文艺出版社	艾萨克·阿西莫夫	1 054 235
6	你的身体，是一切美好的开始	北京联合出版有限责任公司	卡梅隆·迪亚茨、桑德拉·巴克	1 043 596
7	植物大战僵尸2武器秘密之你问我答科学漫画	中国少年儿童出版社	笑江南	1 023 200
8	精致图文·十万个为什么（注音儿童版）	华夏出版社	文心	967 040
9	图解时间简史	中国华侨出版社	楚丽萍	895 728.4
10	荒野求生科普漫画书1：纳米比亚与巴布亚大冒险	长江少年儿童出版社	SBS金炳万的丛林法则制作团队、柳大永、異正泰	763 712
11	那些古怪又让人忧心的问题	北京联合出版有限责任公司	兰道尔·门罗	724 888.8

续表

序号	书名	出版社名称	作者	总实体店销售金额/元
12	养脾胃就是养命	江西科学技术出版社	翟煦	709 802
13	亚特兰蒂斯人类起源三部曲·亚特兰蒂斯：基因战争	四川文艺出版社	A.G.里德尔	708 917.6
14	精致图文·中国儿童百科全书	华夏出版社	文心	707 456
15	精致图文·动物世界大百科	华夏出版社	文心	688 000
16	吃法决定活法	江西科学技术出版社	陈允斌	665 252.7
17	世界恐龙大百科	化学工业出版社	董枝明	664 832
18	精致图文·武器酷车大百科	华夏出版社	文心	663 040
19	养心	江苏凤凰科学技术出版社	董峰	652 684.2
20	精致图文·中国少年儿童百科全书	华夏出版社	文心	649 344
21	中国少年儿童百科全书	北京教育出版社	刘青文	642 096
22	精致图文·十万个为什么（青少版）	华夏出版社	文心	640 128
23	海底两万里	中国画报出版社	儒勒·凡尔纳	634 080
24	精致图文·昆虫记	华夏出版社	文心	618 240
25	我的第一本科学漫画书·儿童百问百答	二十一世纪出版社	道奇胜	611 375

续表

序号	书名	出版社名称	作者	总实体店销售金额/元
26	精致图文·世界未解之谜	华夏出版社	文心	607 360
27	不列颠少儿百科全书	浙江少年儿童出版社	上海淘乐思文化传播有限公司	599 576
28	新阅读·十万个为什么	四川天地出版社	文心	597 069
29	西尔斯亲密育儿百科	南海出版公司	威廉·西尔斯	589 807.4
30	星际穿越	浙江人民出版社	基普·索恩	570 528

附表3-14 科普图书网店销售金额TOP30

序号	书名	出版社名称	作者	总网店销售金额/元
1	中国儿童百科全书（普及版）	中国大百科全书出版社	中国大百科全书出版社编委会	23 530 920
2	好妈妈不打不骂培养男孩300个细节（超值畅销）	南海出版公司	张晓萍	10 842 288
3	DK儿童百科全书（精致版）	四川少年儿童出版社	英国DK出版公司	9 529 104
4	西尔斯亲密育儿百科	南海出版公司	威廉·西尔斯、玛莎·西尔斯、罗伯特·西尔斯、詹姆斯·西尔斯	8 844 719
5	银河帝国：地七部曲	江苏凤凰文艺出版社	艾萨克·阿西莫	7 374 424

续表

序号	书名	出版社名称	作者	总网店销售金额/元
6	0~6岁宝宝食谱必备全书	中国人口出版社	艾贝母婴研究中心	7 314 964
7	儿童地理百科全书	中国大百科全书出版社	英国DK公司	6 755 100
8	硬派健身	湖南文艺出版社	斌卡	6 264 432
9	那些古怪又让人忧心的问题	北京联合出版有限责任公司	兰道尔·门罗	6 104 185.2
10	彩书坊·学生成长必读·昆虫记	吉林出版集团股份有限公司	《图说天下·珍藏版》编委会	6 061 264
11	小儿推拿专家教捏捏按按百病消（全新彩图版）	机械工业出版社	缘缘	5 936 220
12	影响孩子一生的世界名著（1-10）	吉林出版集团股份有限公司	李金龙	4 624 384
13	瑜伽：从新手到高手（超值全彩珍藏版）	北京联合出版有限责任公司	美梓	4 605 370
14	地球与太空：美国宇航局（NASA）珍贵摄影集	北京联合出版有限责任公司	尼尔马拉·纳塔瑞杰	4 331 633
15	崔玉涛图解家庭育儿10：小儿常见病	东方出版社	崔玉涛	4 329 600
16	实用经典·博弈论（海外交流定制版）	中国华侨出版社	刘庆财	4 100 488
17	这才是最好的数学书	北京时代华文书局	笹部贞市郎	4 055 520
18	图解舌诊：伸伸舌头百病消	江西科学技术出版社	罗大伦	3 992 114.7

续表

序号	书名	出版社名称	作者	总网店销售金额/元
19	西尔斯怀孕百科（2015版）	南海出版公司	威廉·西尔斯	3 992 065.4
20	法布尔昆虫记（全三册）（学生版套装）	北京联合出版有限责任公司	法布尔	3 667 895
21	中国少儿百科全书（全八册）	延边大学出版社	赵妮尔	3 559 280
22	小牛顿的第一套科普绘本·大海里的动物：在海洋深处有着另外一个世界	世界图书出版公司	本书编写组	3 486 570
23	火柴棒医生手记系列·捏捏小手百病消（彩图版）	广西科学技术出版社	周尔晋	3 482 400
24	只有医生知道！（3）	江苏凤凰文艺出版社	张羽	3 226 790
25	图解本草纲目（超值全彩白金版）	中医古籍出版社	董广民	3 180 904
26	怀孕胎教知识百科全书	四川科学技术出版社	艾贝母婴研究中心	3 005 860.8
27	Word/Excel/PPT 2013办公应用从入门到精通	人民邮电出版社	神龙工作室	2 995 223
28	谷物大脑	机械工业出版社	戴维·珀尔马特、克里斯廷·洛伯格	2 972 070
29	彩书坊·世界酷车大百科	吉林出版集团股份有限公司	《图说天下·珍藏版》编委会	2 910 160
30	无言的宇宙：隐藏在24个数学公式背后的故事	北京联合出版有限责任公司	达纳·麦肯齐	2 858 818.8

附表3-15　原创科普图书销售金额TOP30

序号	书名	出版社名称	作者	总销售金额/元
1	中国儿童百科全书（普及版）	中国大百科全书出版社	中国大百科全书出版社编委会	23 590 560
2	好妈妈不打不骂培养男孩300个细节	南海出版公司	张晓萍	10 901 796
3	0～6岁宝宝食谱必备全书	中国人口出版社	艾贝母婴研究中心	7 442 887.6
4	硬派健身	湖南文艺出版社	斌卡	6 714 960
5	彩书坊·学生成长必读·昆虫记	吉林出版集团股份有限公司	《图说天下·珍藏版》编委会	6 155 160
6	小儿推拿专家教捏捏按按百病消	机械工业出版社	缘缘	6 132 060
7	影响孩子一生的世界名著（1-10）	吉林出版集团股份有限公司	李金龙	4 624 896
8	崔玉涛图解家庭育儿10：小儿常见病	东方出版社	崔玉涛	4 615 328
9	瑜伽：从新手到高手	北京联合出版有限责任公司	美梓	4 608 065
10	图解舌诊：伸伸舌头百病消	江西科学技术出版社	罗大伦	4 538 425.5
11	实用经典·博弈论（海外交流定制版）	中国华侨出版社	刘庆财	4 101 080
12	火柴棒医生手记系列·捏捏小手百病消	广西科学技术出版社	周尔晋	3 712 176

续表

序号	书名	出版社名称	作者	总销售金额/元
13	只有医生知道！（3）	江苏凤凰文艺出版社	张羽	3 585 785
14	中国少儿百科全书	延边大学出版社	张妮尔	3 559 280
15	小牛顿的第一套科普绘本	世界图书出版公司	本书编写组	3 494 865
16	Word/Excel/PPT 2013办公应用从入门到精通	人民邮电出版社	神龙工作室	3 207 344
17	图解本草纲目（超值全彩白金版）	中医古籍出版社	董广民	3 187 500
18	中国儿童地图百科全书·穿越中国	中国大百科全书出版社	《中国儿童地图百科全书》编委会	3 096 244
19	怀孕胎教知识百科全书	四川科学技术出版社	艾贝母婴研究中心	3 062 348.8
20	彩书坊·世界酷车大百科	吉林出版集团股份有限公司	《图说天下·珍藏版》编委会	3 030 984
21	吃法决定活法	江西科学技术出版社	陈允斌	2 908 869.6
22	中国儿童百科全书（超值套装）（第2版）	中国大百科全书出版社	《中国儿童百科全书》编委会	2 642 952
23	"小牛顿问号探寻"科普绘本	长江出版社	孙静	2 511 989.2
24	和金牌月嫂学做月子餐	中国妇女出版社	周英	2 511 698.4
25	救命之方	江西科学技术出版社	罗大伦	2 402 299.2

续表

序号	书名	出版社名称	作者	总销售金额/元
26	好妈妈不娇不惯培养女孩300个细节	南海出版公司	静涛、李厚泽	2 296 452
27	睡前捏一捏 宝宝不生病	江苏凤凰科学技术出版社	廖品东、熊茜	2 250 491
28	坐月子与新生儿护理全书	四川科学技术出版社	艾贝母婴研究中心	2 178 670.4
29	时尚新厨房·花式营养早餐一本全	化学工业出版社	双福	2 022 556.4
30	备孕怀孕养胎坐月子：新一代准妈妈必备百科全书	化学工业出版社	翟桂荣	2 008 308

附表3-16 科普图书译著销售金额TOP30

序号	书名	出版社名称	作者	总销售金额/元
1	DK儿童百科全书（精致版）	四川少年儿童出版社	英国DK出版公司	9 532 458
2	西尔斯亲密育儿百科	南海出版公司	威廉·西尔斯	9 434 526.4
3	银河帝国：基地七部曲	江苏凤凰文艺出版社	艾萨克·阿西莫	7 785 408
4	儿童地理百科全书	中国大百科全书出版社	英国DK出版公司	7 236 720
5	那些古怪又让人忧心的问题	北京联合出版有限责任公司	兰道尔·门罗	6 829 074
6	地球与太空：美国宇航局（NASA）珍贵摄影集	北京联合出版有限责任公司	尼尔马拉·纳塔瑞杰	4 443 073

续表

序号	书名	出版社名称	作者	总销售金额/元
7	西尔斯怀孕百科（2015版）	南海出版公司	威廉·西尔斯	4 433 440
8	这才是最好的数学书	北京时代华文书局	笹部贞市郎	4 154 324
9	法布尔昆虫记（学生版套装）	北京联合出版有限责任公司	亨利·法布尔	3 673 383
10	无言的宇宙：隐藏在24个数学公式背后的故事	北京联合出版有限责任公司	达纳·麦肯齐	3 323 203.8
11	你的身体，是一切美好的开始	北京联合出版有限责任公司	卡梅隆·迪亚茨，桑德拉·巴克	3 303 644
12	谷物大脑	机械工业出版社	戴维·珀尔马特、克里斯廷·洛伯格	3 208 500
13	法布尔昆虫记（注音版）	北京科学技术出版社	高苏珊娜	3 076 850
14	贝尔写给你的荒野求生少年生存百科	接力出版社	贝尔·格里尔斯	2 960 060.4
15	跑步圣经	北京科学技术出版社	史迪凡尼	2 884 166
16	读客全球顶级畅销小说文库·银河帝国1：基地	江苏凤凰文艺出版社	艾萨克·阿西莫夫	2 878 050
17	新东方大愚英语学习丛书·数学小达人	浙江教育出版社	李善英	2 834 250

续表

序号	书名	出版社名称	作者	总销售金额/元
18	迷人的材料：10种改变世界的神奇物质和它们背后的科学故事	北京联合出版有限责任公司	马克·米奥多尼克	2 740 892.4
19	DK汽车大百科	北京科学技术出版社	英国DK出版公司	2 652 804
20	读客全球顶级畅销小说文库·银河帝国8-12：机器人五部曲	江苏凤凰文艺出版社	艾萨克·阿西莫夫	2 395 384
21	西尔斯健康育儿百科：一本关于儿童健康的综合指南	九州出版社	威廉·西尔斯	2 393 935.8
22	名家名译世界文学名著·海底两万里	北京理工大学出版社	儒勒·凡尔纳	2 309 872.6
23	星际穿越	浙江人民出版社	基普·索恩	2 300 790
24	手绘百科绘本·地下水下	贵州人民出版社	亚历山德拉·米热林斯卡、丹尼尔·米热林斯基	2 200 884
25	寂静的春天	北京理工大学出版社	蕾切尔·卡逊	1 873 320
26	世界博物学经典图谱·托梅教授的植物图谱	中国青年出版社	奥托·威廉·托梅	1 868 064
27	实用程序育儿法（新版）	北京联合出版有限责任公司	特蕾西·霍格、梅琳达·布劳	1 828 470
28	现代养猪生产技术：告诉你猪场盈利的秘诀	中国农业出版社	John Gadd	1 722 204

续表

序号	书名	出版社名称	作者	总销售金额/元
29	囚徒爆发力：用不传的绝学练就无往不胜的行动力	北京科学技术出版社	保罗·威德	1 680 587
30	我的第一本科学漫画书·儿童百问百答	二十一世纪出版社	道奇胜	1 640 700

附表4-2　2015年TOP30出版社出版科普图书译著来源国别情况

单位：种

出版社 \ 国别	德国	法国	韩国	美国	日本	英国	合计
人民邮电出版社	0	11	2	65	20	37	135
电子工业出版社	0	4	30	26	2	43	105
北京科学技术出版社	40	10	32	14	5	18	119
接力出版社	0	15	18	16	10	11	70
湖南少年儿童出版社	0	4	25	0	4	40	73
长江少年儿童出版社	13	9	11	9	19	11	72
北京联合出版有限责任公司	1	19	1	16	9	19	65
机械工业出版社	1	7	6	18	3	30	65
浙江教育出版社	4	0	57	3	0	0	64
中国科学技术出版社（科学普及出版社）	2	0	5	1	0	46	54
安徽少年儿童出版社	0	12	0	16	0	24	52
中央广播电视大学出版社	26	4	0	9	0	10	49
未来出版社	0	25	0	1	0	13	39
化学工业出版社	1	7	0	18	5	7	38

续表

出版社 \ 国别	德国	法国	韩国	美国	日本	英国	合计
浙江少年儿童出版社	0	2	10	19	6	0	37
学林出版社	0	0	0	0	0	0	0
中信出版集团股份有限公司	0	15	0	2	6	10	33
中国青年出版社	1	1	2	16	2	8	30
二十一世纪出版社	0	3	3	0	5	3	14
清华大学出版社	0	0	0	26	0	2	28
青岛出版社	0	3	13	0	6	0	22
江苏凤凰文艺出版社	0	0	0	23	0	5	28
黑龙江美术出版社	0	4	0	0	0	19	23
上海科学技术出版社	0	1	0	13	8	4	26
团结出版社	0	2	22	0	1	1	26
北京出版社	0	8	0	2	0	5	15
同心出版社	0	4	15	0	0	0	19
北京少年儿童出版社	0	17	0	0	0	3	20
广西科学技术出版社	0	2	1	10	1	7	21
合计	89	189	253	323	112	376	1 342

附表4-3 2015年出版科普图书作者TOP10与出版社交叉情况

单位：种

作者\出版社	《指尖上的探索》编委会	保冬妮	崔钟雷	甘智荣	龚勋	亨利·法布尔	齐浩然	儒勒·凡尔纳	维·比安基	纸上魔方	合计
黑龙江美术出版社	0	0	109	0	0	2	0	2	4	0	117
化学工业出版社	70	0	0	0	0	0	0	0	0	3	73
金盾出版社	0	0	0	0	0	0	70	0	0	0	70
北京师范大学出版社	0	50	0	0	0	0	0	0	0	0	50
同心出版社	0	0	0	0	30	1	0	3	2	0	36
吉林美术出版社	0	0	28	0	0	0	0	1	3	0	32
吉林出版集团股份有限公司	0	0	0	0	4	4	0	7	0	14	29

续表

作者 出版社	《指尖上的探索》编委会	保冬妮	崔钟雷	甘智荣	龚勋	亨利·法布尔	齐浩然	儒勒·凡尔纳	维·比安基	纸上魔方	合计
哈尔滨出版社	0	0	20	0	0	1	0	3	4	0	28
黑龙江科学技术出版社	0	0	0	6	0	11	0	4	4	0	25
汕头大学出版社	0	0	0	0	18	3	0	4	0	0	25
吉林科学技术出版社	0	0	0	13	0	10	0	0	0	0	23
安徽科学技术出版社	0	0	0	9	13	0	0	0	0	0	22
江苏凤凰科学技术出版社	0	0	0	22	0	0	0	0	0	0	22
重庆出版社	0	0	10	2	6	1	0	0	1	0	20

续表

作者 出版社	《指尖上的探索》编委会	保冬妮	崔钟雷	甘智荣	龚勋	亨利·法布尔	齐浩然	儒勒·凡尔纳	维·比安基	纸上魔方	合计
北京少年儿童出版社	0	0	0	0	0	5	0	9	4	0	18
北京出版社	0	0	0	0	0	1	0	7	9	0	17
辽宁少年儿童出版社	0	0	0	0	16	1	0	0	0	0	17
北方妇女儿童出版社	0	0	0	0	0	4	0	1	0	11	16
浙江教育出版社	0	0	0	0	16	0	0	0	0	0	16
北京联合出版有限责任公司	0	0	0	0	0	9	0	1	2	0	12
合计	70	50	167	52	103	53	70	42	33	28	668

附表4-4 2015年TOP10作者出版科普图书的主题词分布情况

单位:次

作者\主题词	《指尖上的探索》编委会	保冬妮	崔仲雷	甘智荣	龚勋	亨利·法布尔	齐浩然	儒勒·凡尔纳	维·比安基	纸上魔方	合计
科学幻想小说	0	0	3	0	0	0	0	183	0	0	186
恐龙	1	0	76	0	18	0	1	0	0	0	96
昆虫学	0	0	1	0	0	88	0	0	0	0	89
森林	1	0	0	0	0	0	1	0	81	1	84
科学知识	1	0	30	0	30	0	4	0	0	4	69
安全教育	0	50	0	0	3	0	1	0	0	0	54
昆虫	1	0	0	0	0	18	1	0	0	8	28
武器	0	0	18	0	5	0	1	0	0	0	24
动物	1	0	4	0	15	0	2	0	0	0	22
科学实验	0	0	0	0	0	0	1	0	0	10	11
数学	1	0	0	0	0	0	3	0	0	6	10

续表

作者 主题词	《指尖上的探索》编委会	保冬妮	崔钟雷	甘智荣	龚勋	亨利·法布尔	齐浩然	儒勒·凡尔纳	维·比安基	纸上魔方	合计
植物	0	0	1	0	7	0	2	0	0	0	10
人体	1	0	3	0	2	0	1	0	0	1	8
宇宙	1	0	1	0	3	0	3	0	0	0	8
保健	0	0	0	7	0	0	0	0	0	0	7
小学数学课	0	0	0	0	0	0	0	0	0	6	6
儿童	0	0	0	5	0	0	0	0	0	0	5
粥	0	0	0	5	0	0	0	0	0	0	5
哺乳动物纲	0	0	0	0	4	0	0	0	0	0	4
豆制食品	0	0	0	4	0	0	0	0	0	0	4
合计	8	50	137	21	87	106	21	183	81	36	730

附表4-5　译者TOP15与主题词交叉情况

单位：次

译者 / 主题词	陈俊卿	乐乐趣工作室	侯晓希	丁凡	千太阳	叶李华	海豚传媒	李明淑	赵畅	陈潇	明天编译小组	金熙受	海杯子	夏芒	丛书	合计
科学幻想小说	41	0	0	0	0	22	0	0	0	0	0	0	0	0	0	63
科学知识	0	1	0	0	2	0	0	0	11	0	0	17	0	8	0	39
昆虫	1	2	0	0	0	0	0	20	0	1	1	0	0	0	0	25
智力游戏	0	0	0	0	5	0	20	0	0	0	0	0	0	0	0	25
动物	0	3	0	9	0	0	0	0	0	9	0	2	0	0	1	24
数学	0	0	0	0	2	0	0	0	2	0	10	0	0	0	0	14
昆虫学	9	0	0	0	0	0	0	0	0	0	0	0	0	0	0	9
安全教育	0	8	0	0	0	0	0	0	0	0	0	0	0	0	0	8
地球	0	0	1	0	0	0	0	0	0	0	0	1	1	2	0	5
人体	0	1	0	0	0	0	0	0	0	0	1	0	1	2	0	5
合计	51	15	1	9	9	22	20	20	13	10	12	20	2	12	1	217